GRöLS Verlage

„Bücher sind wie Fallschirme. Sie nützen uns nichts, wenn wir sie nicht öffnen."

Gröls Verlag

Redaktionelle Hinweise und Impressum

Das vorliegende Werk wurde zugunsten der Authentizität sehr zurückhaltend bearbeitet. So wurden etwa ursprüngliche Rechtschreibfehler *nicht* systematisch behoben, denn kleine Unvollkommenheiten machen das Buch – wie im Übrigen den Menschen – erst authentisch. Mitunter wurden jedoch zum Beispiel Absätze behutsam neu getrennt, um den Lesefluss zu erleichtern.

Um die Texte zu rekonstruieren, werden antiquarische Bücher von Lesegeräten gescannt und dann durch eine Software lesbar gemacht. Der so entstandene Text wird von Menschen gegengelesen und korrigiert – hierbei treten auch Fehler auf. Wenn Sie ebenfalls antiquarische Texte einreichen möchten, finden Sie weitere Informationen auf www.groels.de

Viel Freude bei der Lektüre wünscht Ihnen das Team des Gröls-Verlags.

Adressen

Verleger: Sophia Gröls, Im Borngrund 26, 61440 Oberursel

Externer Dienstleister für Distribution & Herstellung: BoD, In de Tarpen 42, 22848 Norderstedt

Unsere „Edition | Werke der Weltliteratur“ hat den Anspruch, eine der größten und vollständigsten Sammlungen klassischer Literatur in deutscher Sprache zu sein. Nach und nach versammeln wir hier nicht nur die „üblichen Verdächtigen“ von Goethe bis Schiller, sondern auch Kleinode der vergangenen Jahrhunderte, die – zu Unrecht – drohen, in Vergessenheit zu geraten. Wir kultivieren und kuratieren damit einen der wertvollsten Bereiche der abendländischen Kultur. Kleine Auswahl:

Francis Bacon • Neues Organon • **Balzac** • Glanz und Elend der Kurtisanen • **Joachim H. Campe** • Robinson der Jüngere • **Dante Alighieri** • Die Göttliche Komödie • **Daniel Defoe** • Robinson Crusoe • **Charles Dickens** • Oliver Twist • **Denis Diderot** • Jacques der Fatalist • **Fjodor Dostojewski** • Schuld und Sühne • **Arthur Conan Doyle** • Der Hund von Baskerville • **Marie von Ebner-Eschenbach** • Das Gemeindekind • **Elisabeth von Österreich** • Das Poetische Tagebuch • **Friedrich Engels** • Die Lage der arbeitenden Klasse • **Ludwig Feuerbach** • Das Wesen des Christentums • **Johann G. Fichte** • Reden an die deutsche Nation • **Fitzgerald** • Zärtlich ist die Nacht • **Flaubert** • Madame Bovary • **Gorch Fock** • Seefahrt ist not! • **Theodor Fontane** • Effi Briest • **Robert Musil** • Über die Dummheit • **Edgar Wallace** • Der Frosch mit der Maske • **Jakob Wassermann** • Der Fall Maurizius • **Oscar Wilde** • Das Bildnis des Dorian Grey • **Émile Zola** • Germinal • **Stefan Zweig** • Schachnovelle • **Hugo von Hofmannsthal** • Der Tor und der Tod • **Anton Tschechow** • Ein Heiratsantrag • **Arthur Schnitzler** • Reigen • **Friedrich Schiller** • Kabale und Liebe • **Nicolo Machiavelli** • Der Fürst • **Gotthold E. Lessing** • Nathan der Weise • **Augustinus** • Die Bekenntnisse des heiligen Augustinus • **Marcus Aurelius** • Selbstbetrachtungen • **Charles Baudelaire** • Die Blumen des Bösen • **Harriett Stowe** • Onkel Toms Hütte • **Walter Benjamin** • Deutsche Menschen • **Hugo Bettauer** • Die Stadt ohne Juden • **Lewis Caroll** • *und viele mehr….*

Henry Thoreau

Worte Thoreaus

Inhalt

I. Die Natur und der Genius im Menschen

Meine Dornen und Glätten sind ebenso Eigenschaften eurer Hand, wie meine Eigenschaften. Ich kann nicht sagen, was ich bin; nicht mehr als ein Sommersonnenstrahl. Was ich bin, das bin ich und spreche es nicht. Sein ist der große Erklärer. Soll ich mit dem Versuch zu erklären alle Stacheln wegbrechen, bis keine Distel übrig bleibt, sondern ein Strunk?

*

Mein Gedanke ist ein Teil von der Bedeutung der Welt, und also gebrauche ich einen Teil der Welt als Symbol, um meine Gedanken auszudrücken.

(Tagebücher)

*

Ich will ein Wort für die Natur einlegen, für vollkommene Freiheit und Wildheit im Gegensatz zu bloß bürgerlicher Freiheit und zu Kultur; ich will den Menschen als Bewohner oder Stück und Teil der Natur betrachten und nicht als Glied der Gesellschaft. Ich will meine Darlegungen auf die Spitze treiben, wenn es mir nur gelingt, ihnen damit genügend

Nachdruck zu verleihen; denn die Zivilisation findet Streiter genug: der Geistliche und der Schulrat und jeder von euch wird sich ihrer annehmen.

(Ausflüge)

*

Wer gewissenhaft als Beobachter auszieht, bringt keine Kunde von der Natur; aber dem, der von Leben strotzt, stürmt sie entgegen, um sich zu offenbaren. Dem vollen Herzen ist sie alles eher als eine Redensart.

(Tagebücher)

*

Die Gesetze, nach welchen die Welt entstand und die Weltsysteme kreisen, sind in einem Bächlein geschmolzenen Schnees in voller Wirksamkeit zu sehen.

(Tagebücher)

*

Warum schafft das Stöhnen des Sturmes Genuß? Wohl deshalb, weil es die Alltäglichkeit unseres Schön-Wetter-Lebens vertreibt und diesem wenigstens ein tragisches

Interesse verleiht. Dieser Laut wirkt wie ein erfreuender Weckruf, der unsere Energie zum Widerstand gegen Eindringlinge in den Bereich unseres Lebens auffordert. Er ist Musik und durchbebt uns wie des Feindes Horn.

(Tagebücher)

*

Lasset uns den Einklang unseres Lebens mit dem Leben der Natur andächtig bewahren und bewachen. Hitze und Kälte, Tag und Nacht, Sonne, Mond und Sterne, was wären sie uns sonst? Geschah es nicht aus Übereinstimmung mit dem gegenwärtigen Leben der Natur, daß wir gerade zu dieser Zeit geboren wurden und nicht zu einer anderen? Mein Leben gehört der Gegenwart so innerlich an, wie das der Weide im Frühling, jetzt erblühen ihre Kätzchen, jetzt blinkt ihre gelbliche Rinde, jetzt steigt ihr Saft, jetzt oder nie müßt ihr Pfeifen scheiden. Laßt den Tag euch Helfer sein, den Tag und die Nacht.

(Tagebücher)

*

Obgleich die Gesetze der Natur unveränderlicher sind als die irgend eines Despoten, erscheinen sie doch selten starr, sondern gewähren manche Freiheiten an schönen Sommertagen. Wir werden nicht oft und nicht rauh an das erinnert, was wir nicht tun dürfen. Ich wundere mich oft darüber, wie lange manche Leute, denen ich auf der breiten Heerstraße begegne, ihr Leben in offensichtlicher Übertretung der Naturgesetze zu behaupten vermögen. Die Natur versagt ihnen nicht den Unterstand und läßt sie nicht ohne Priester sterben. Zugleich frohlockt sie immerzu, denn sind sie nicht der eine Teil von ihr, so sind sie eben der andere.

(Tagebücher)

*

Natur ist immer mythisch und mystisch und arbeitet mit der Willkür und Überschwenglichkeit des Genies. Sie hat ihren schwülstigen und überladenen Stil so gut wie die Kunst. Wenn sie das Trinkgefäß eines Wanderers gestalten will, so gibt sie dem Ganzen: dem Stengel, der Schale, dem Henkel und der Nase, eine ganz phantastische Form, als sollte der Wagen einer sagenhaften Meergottheit, eines Nereus oder Triton, daraus werden.

(Ausflüge)

*

Natur ist höhere und vollkommenere Kunst, die Kunst Gottes; auf sich selbst bezogen ist sie jedoch Genie. Sie hat sich vervollkommnet durch Übung von Ewigkeit her.

(Eine Woche)

*

Wir haben Ursache, für die Erscheinungen am Himmel dankbar zu sein, weil sie vor allen anderen unsern Idealen entsprechen. Die Sterne sind fern und unaufdringlich, aber leuchtend und unwandelbar wie unsere liebsten und denkwürdigsten Erlebnisse.

(Tagebücher)

*

Die wundervollste Szenerie hört auf erhaben zu sein, sobald sie deutlich wird; mit anderen Worten: sobald sie Grenzen zeigt und die Phantasie nicht mehr zur Übertreibung anregt. Die tatsächliche Höhe und Breite eines Berges oder eines Wasserfalles ist immer lächerlich gering; nur was wir in der Phantasie sehen, befriedigt uns. Die Natur ist nicht so beschaffen, wie wir sie haben möchten. Wir übertreiben liebevoll ihre Wunder, wie wir die heimatliche Landschaft überschätzen.

(Eine Woche)

*

In der ganz wilden Natur liegt nicht nur das Rohmaterial für die höchste Kultur und gewissermaßen die Vorwegnahme ihrer letzten Ergebnisse, sondern auch schon eine größere Verfeinerung, als sie je durch Menschenhand erreicht werden kann. Die Natur ist immer bereit, das herrlichste Werk menschlicher Kunst in ihrem Bereich willkommen zu heißen, denn sie selbst ist ein Kunstwerk von solcher Vollendung, daß der Künstler nie in seinem Werk erscheint.

(Eine Woche)

*

Ich empfinde es bei einem Vortrag als größeren Erfolg, auf nicht kultivierte Naturen zu wirken, als auf die höchst verfeinerten, denn alle Bildung ist notwendig oberflächlich, und ob ihre Wurzeln nach dem Zentrum des Daseins gerichtet sind, ist nicht gewiß.

(Tagebücher)

*

Ich sehe eine glühend rote Wolke am Horizont. Ihr sagt: es ist eine Dunstmasse, die alle Strahlen aufsaugt und nur die roten zurückwirft. Aber das hat nichts mit der Sache zu tun, denn diese Vision von Rot regt mich auf, bringt mein Blut in Wallung, meine Gedanken in Fluß und erweckt unbeschreibliche, neue Gebilde in meiner Phantasie. Das Geheimnis dieser Wirkung habt ihr nicht berührt; wenn in eurer Erklärung nichts Mystisches liegt, so ist sie vollkommen unzulänglich.

(Tagebücher)

*

Im Mondenlicht ist alles einfach. Es bleiben so wenige Gegenstände übrig, daß wir unsern Geist aufrichten können und uns selbst. Alle Ablenkung fällt weg. Es ist einfach Wasser und Brot. Es ist einfach wie die Anfangsgründe einer Kunst, in der wir vor Anbruch des Tages unterwiesen werden, – vielleicht, um uns auf ihn vorzubereiten.

(Tagebücher)

*

Es gibt Gedanken fürs Freie und Gedanken fürs Haus. Meine Gedanken sollen wie die wilden Äpfel eine Kost sein für Wanderer; ich stehe nicht gut dafür, daß sie im Hause genossen wohlschmeckend sind.

(Ausflüge)

*

Der Steinmetz poliert nur den Zierat für den Kaminsims; aber die Pyramiden sind roh behauen. In einem rauhen Äußeren, in unbearbeitetem Granit liegt ein Ernst, der zu Tiefen in uns spricht; eine glatte Oberfläche aber wirkt nur auf unseren Augapfel.

(Tagebücher)

*

Wenn ich aus dem Hause trete, um spazieren zu gehen, und die Entscheidung, wohin ich die Schritte lenken will, meinem inneren Trieb überlasse, so finde ich – es mag absonderlich und grillenhaft erscheinen –, daß ich schließlich unfehlbar gegen Südwest aufbreche, nach einem Wald oder einer Wiese, nach einer verlassenen Halde oder einem Hügel, die in dieser Richtung liegen. Meine Nadel schwankt wohl eine Weile hin und her, weicht auch um etliche Grade ab und zeigt nicht immer rein nach Südwesten, aber zwischen West und Südsüdwest setzt sie sich sicherlich fest. Dortzu liegt für mich die Zukunft, dort erscheint mir die Erde weniger erschöpft und noch reicher. Nach Osten gehe ich nur gezwungen, nach Westen freiwillig.

Ich würde diese Tatsache nicht weiter betonen, wenn ich nicht glaubte, daß eine ähnliche Tendenz bei meinen Landsleuten vorherrscht. Meine Wanderung führt mich nach Oregon, nicht nach Europa, und denselben Weg wandert die Nation; ja, es läßt sich sogar behaupten, daß die Menschheit von Osten nach Westen fortschreitet. – Ostwärts gehen wir den zurückgelegten Weg der Rasse nach, um uns die Geschichte zu vergegenwärtigen und um die Werke der Kunst und Literatur zu studieren; westwärts gehen wir gleichsam in die Zukunft hinein, belebt von Unternehmungsgeist und Abenteuerlust.

(Ausflüge)

*

Der Westen, von dem ich spreche, ist nur ein anderes Wort für das Wilde, und die Behauptung, die ich vorbereiten wollte, ist diese: daß in der Wildheit die Erhaltung der Welt liegt. Ich glaube an den Wald und an das Feld und an die Nacht, in der der Mais wächst.

(Ausflüge)

*

Leben besteht nur zusammen mit Wildheit. Das lebendigste Leben ist das wildeste. Mit seiner Gegenwart erfrischt es den Menschen, weil es ihm noch nicht Untertan ist. Wer unaufhörlich vorwärtsdrängte und nie von seinen Arbeiten ruhte, wer rasch weiterkäme und unbegrenzte Anforderungen an das Leben stellte, der wäre immer in einem Neuland, immer in einer Wildnis, immer umgeben von dem Rohmaterial des Lebens. Er würde über die hingestreckten Stämme der Urwaldbäume klettern.

(Ausflüge)

*

Wir dürfen nicht erwarten, das Allerheiligste irgend eines Lebens, des tierischen oder des pflanzlichen, mit den Fingern greifen zu können. Wenn wir es tun, so finden wir wieder nichts als Oberfläche. Die bedeutungvollste Kundgebung, die Frucht jedes erschaffenen Dinges liegt in einer feinen Ausstrahlung, die allein das liebende und reine Herz und nur in ehrerbietiger Entfernung von der Oberfläche wahrnimmt.

(Tagebücher)

*

Ich glaube, der Gelehrte (und mit ihm die Mehrzahl der Menschen) irrt mit der Annahme, daß wir einem eindrucksvollen Naturphaenomen unsere Aufmerksamkeit in der Art zuwenden, als wäre es etwas von uns ganz Unabhängiges, und nicht so, wie es mit uns in Beziehung steht. Die Hauptsache ist gerade, wie es auf mich wirkt. Der Gelehrte meint, ich habe an einem Regenbogen nichts anderes zu sehen, als was mir seine Definition darüber gibt. Mir ist es aber ganz gleichgiltig, ob die Erscheinung, die ich sehe, ein wacher

Gedanke ist oder die Erinnerung an einen Traum, ob sie sich auf hellem oder auf dunklem Grunde abhebt. Das Subjekt der Erscheinung, ihre Wahrheit allein ist's, was mich angeht. Der Philosoph, für den der Regenbogen wegerklärt werden kann, hat ihn nie gesehen.

(Tagebücher)

*

Die Natur muß vom Gesichtspunkt des Menschen aus betrachtet werden, wenn sie überhaupt betrachtet werden soll; das heißt, ihre Erscheinungen müssen mit Regungen des menschlichen Gemüts in Zusammenhang gebracht werden, wie sie zum Beispiel mit dem Boden der Heimat verknüpft sind. Einem Liebenden hat sie unendlich viel zu sagen; wenn ich aber keinen Freund habe, was ist mir Natur? Sie hört auf, eine sittliche Bedeutung zu haben.

(Tagebücher)

*

Es genügt, das unscheinbarste Ereignis, das bestbekannte Phänomen um eines Haares Breite abseits von dem altgewohnten Standpunkt zu betrachten, und sogleich wird uns seine Schönheit überströmen und entzücken. Nur was wir gegriffen und abgenützt haben, ist trivial: unser Schorf, unsere Wiederholungen, Traditionen und Gleichförmigkeiten. Die Zeit der Wunder kehrt immer wieder; jetzt sind's wilde Äpfel, jetzt Spiegelungen im Fluß und jetzt ein Flug kleiner Leinfinken. Schönheit und Musik sind nicht Besonderheiten und Ausnahmen, sondern die Regel und der innewohnende Charakter.

(Tagebücher)

*

Die Dinge sind nicht so sehr deshalb vor unseren Blicken verborgen, weil sie außerhalb unseres Sehfeldes liegen, als vielmehr darum, weil wir Sinn und Auge nicht auf sie zu richten verstehen; denn in dem Auge selbst liegt keine Sehkraft, nicht mehr als in irgend einer anderen Gallertmasse. Wir machen uns nicht klar, wie ferne und umfassend oder wie nahe und begrenzt wir zu schauen haben. Die meisten Naturerscheinungen bleiben uns daher unser ganzes Leben lang verborgen. Der Gärtner sieht nur den Garten des Gärtners. Auch hier entspricht das Angebot der Nachfrage, wie in der

Nationalökonomie. Die Natur wirft keine Perlen vor die Säue. In einer Landschaft ist genau so viel Schönheit für uns sichtbar, als wir zu würdigen verstehen – und kein Atom mehr.

(Ausflüge)

*

Ich rede zu gar keiner Intelligenz in der Natur, sondern ich denke mir irgendwo ein unendliches Herz, in das hinein ich spiele.

(Tagebücher)

*

Sieh, welch ein Leben uns die Götter gegeben haben, umsäumt von Schmerz und Lust! Es ist zu seltsam für Trübsal, zu seltsam für Freude. Einmal erscheint es so seicht und auch so verworren, wie ein kretisches Labyrinth; und dann wieder ist es eine weglose Tiefe. Ich verlange unaufhörlich nach Brot, damit mein Leben mich aufrecht erhalte so wie Speise meinen Körper. Keiner weiß, in welcher Stunde sein Leben beginnen mag.

(Tagebücher)

*

Die Leute schwätzen über die Wunder in der Bibel, weil es kein Wunder in ihrem Leben gibt. Hört auf, diese Rinde zu benagen! Es hängt reife Frucht über euren Häuptern.

(Tagebücher)

*

Wenn man bei einem Spaziergang schon glaubt, er sei fruchtlos und mißlungen, wenn man sich nur mit Mühe überreden kann nicht umzukehren, so steht man vor dem Augenblick des Erfolges, denn dann ist man in jener ergebenen und demütigen Stimmung, der die Natur sich zu erschließen nie verfehlt.

(Tagebücher)

*

Mein Geschäft besteht darin, aus der Natur jede Nahrung zu gewinnen, die sie mir liefern kann, bei Gefahr endloser Wiederholung. Ich melke den Himmel und die Erde.

(Tagebücher)

*

Ich kenne keine ermutigendere Tatsache als die unleugbare Fähigkeit des Menschen, sein Leben durch bewußte Anstrengung in eine höhere Sphäre zu erheben. Es hat schon etwas zu bedeuten, wenn einer ein hervorragendes Bild zu malen oder eine Statue zu meißeln versteht, kurz, etwas Schönheit in die Dinge zu bringen weiß. Aber weitaus köstlicher ist es, die Atmosphäre, das Medium selbst, durch welches wir hindurchblicken, zu meißeln und zu malen, wozu unsere moralische Kraft uns befähigt. Auf die Beschaffenheit des Tages einzuwirken, das ist die höchste Kunst. Jeder hat die Verpflichtung, das eigene Leben bis in seine Einzelheiten der Betrachtung seiner weihevollsten und kritischesten Stunden würdig zu gestalten.

(Walden)

*

Ich finde, daß die Ereignisse der Aktualität, ungeachtet des besonderen Platzes, den wir ihnen einräumen, weit weniger wirklich sind, als die Geschöpfe meiner Phantasie. Alles, was wir gemeinhin Leben und Tod nennen, ist nur ein bedeutungsloser Schatten und berührt mich weniger als mein

Traumleben. Unsere Gedanken sind die Epochen in unserem Leben: alles andere ist nur wie das Tagebuch des Windes, der blies, während wir gerade da waren.

(Briefe)

*

Eines Nachmittags, da ich so durch den Wald schlendere, flitzt der Schatten eines Gedankenflügels durch die Landschaft meines Geistes und bringt mir in Erinnerung, wie wenig ereignisreich unser Leben ist. Was waren sie, alle diese Kriege und Kriegsgerüchte, diese modernen Entdeckungen und sogenannten Fortschritte? Nichts als eine Reizung der Oberhaut. Aber dieser Schatten, der so rasch vorübergehuscht war und dessen Substanz unentdeckt ist, gibt mir zu verstehen, daß es Ereignisse von Bedeutung gibt, zwischen denen für uns die Perioden der wahren Geschichte liegen.

(Tagebücher)

*

Alle Ereignisse, die die Annalen der Völker bilden, sind nur die Schattenbilder unserer eigenen Erfahrungen, eine unvollkommenere Erinnerung an eigene Erlebnisse. Überlieferung bedeutet eine losere und blassere Erinnerung.

(Eine Woche)

*

Die Welt ist nur Leinwand für unsere Vorstellungen. Ich sehe die Menschen rastlos bestrebt und bemüht, die Fähigkeiten ihres Geistes zum Nutzen ihrer Leiblichkeit anzuwenden; ich aber möchte diese Fähigkeiten – was nicht weniger mühevoll ist – für meine Ideenwelt verwerten, in der sicheren Überzeugung, daß es über den Bedürfnissen des Körpers und unabhängig von ihm ein geistiges Leben gibt. Oft wird der Körper erwärmt, während die Phantasie erstarrt bleibt; der Körper ist wohlgenährt, aber die Phantasie ist dürr und verschrumpft. Was helfen alle anderen Güter, wenn dieses eine fehlt? „Die Phantasie ist für den Geist die Luft", in der er lebt und atmet. Alle Dinge sind so wie ich bin; wozu brauche ich die Wechselstube? Die Vergangenheit ist nur in dem Grade heroisch, in dem wir sie heroisch sehen. Sie ist die Leinwand, auf die unsere Vorstellung von Heroismus gemalt wird; daher ist sie auch in gewissem Sinne der dämmerige Ausblick in unsere Zukunft. Die Verhältnisse, in denen wir stehen, entsprechen den Erwartungen, die wir hegen, und den Forderungen unserer Natur.

(Eine Woche)

*

Letzten Endes treffen die Menschen nur das, wonach sie zielten. Darum täten sie besser, wenn sie es auch fürs erste fehlen sollten, nach einem hohen Ziel anzulegen.

(Walden)

*

Es ist ganz wunderbar, wie wir in unserem Leben fortwährend bis in die geringsten Alltäglichkeiten auf das Übernatürliche hingewiesen werden. Wenn ein Porträt gemalt wird, so ist nicht das Urteil der Frau über ihren Gatten, nicht des Gatten Urteil über seine Frau, noch ihrer beider Urteil über den Künstler, überhaupt kein Urteil von Menschen über Menschen endgiltig und hinreichend. Der Mensch ist niemals der entscheidende Richter über eine Handlung, und wäre sie so minderwertig wie etwa Holzspalten. Die Königin und die Zofe, der König und der

Söldner, der Indianer und der Sklave, sie alle appellieren an Gott.

(Tagebücher)

*

Wir sollten Geschichte ebensowenig kritisch lesen als wir eine Landschaft kritisch betrachten; wir sollten unser Interesse den verschiedenen atmosphärischen Farben- und Lichtschattierungen, die der zeitliche Abstand hervorruft, in höherem Maße zuwenden, als dem Grundriß und Aufbau. Geschichte ist der Morgen, der Abend geworden ist und jetzt im Westen steht; die gleiche Sonne in neuer Beleuchtung und Farbe. Ihre Schönheit gleicht der des Sonnenuntergangs. Sie ist kein Freskogemälde, mit scharfen Konturen flach auf eine Wand gemalt, sondern sie schweift im Luftraum frei umher. Und wirklich, die Geschichte wandelt sich, wie das Landschaftsbild vom Morgen zum Abend. Von Wichtigkeit an ihr ist ihr Duft und ihre Farbe. Die Zeit hält keine Schätze verborgen; was wir von ihr fordern, ist nicht ihr *Damals*, sondern ihr *Jetzt*.

(Eine Woche)

*

Der Mensch nimmt nur das auf, was er aufzunehmen bereit ist, sei es physisch, geistig oder moralisch, wie die Tiere ihre Art nur zu gewissen Jahreszeiten empfangen. Wir hören und verstehen nur, was wir schon halb wissen. Jeder folgt durchs Leben nur seiner eigenen Fährte.

(Tagebücher)

*

Übertreibung! Wurde jemals einem Manne eine Tugend zugeschrieben ohne Übertreibung? ein Laster ohne ungeheuere Übertreibung? Übertreiben wir uns nicht selbst vor uns selbst, oder gestehen wir uns etwa ein, was wir wirklich sind? Sind wir nicht alle große Männer? Aber was sind wir, wovon sich tatsächlich reden ließe? Wir leben nur durch Übertreibung. Mehr erhoffen als genießen, ist das etwas anderes? Der Blitz ist eine Übertreibung des Lichts, Geschichte in Übertreibung wird Poesie, wird Wahrheit, die ein neues Maß verlangt. Wer zu übertreiben nicht versteht, ist nicht danach beschaffen, die Wahrheit zu sprechen. Ohne solchen Nachdruck, der die Existenz jeder anderen Wahrheit zur selben Zeit auszuschließen schien, wurde nach meiner Meinung niemals eine Wahrheit vorgebracht. Und überdies: zu Harthörigen muß man laut sprechen und nimmt dadurch die Gewohnheit an, auch dann zu schreien, wenn's nicht nötig wäre.

(Vermischte Schriften)

*

Diese Welt ist ein Geschäftsplatz. Welches endlose Jagen! Das Dröhnen der Lokomotive weckt mich fast jede Nacht und reißt mich aus meinen Träumen. Es gibt keinen Feiertag, und doch wäre es köstlich, die Menschen wenigstens einmal müßig zu sehen. Aber alles ist Arbeit, Arbeit und wieder Arbeit. Ich finde, daß nichts, nicht einmal das Verbrechen, der Poesie, der Philosophie, ja dem Leben selbst so entgegengesetzt ist, wie dieses unaufhörliche Geschäft. Es ist die Verneinung des Lebens.

(Vermischte Schriften)

*

Worauf läuft schließlich die praktische Seite des Lebens hinaus? Die Dinge, die einer sofortigen Erledigung bedürfen, sind ganz bedeutungslos. Ich könnte sie alle verschieben, um dem Zirpen dieser Grille zuzuhören.

(Eine Woche)

*

Die Wege, auf denen Geld zu verdienen ist, führen fast ausnahmelos abwärts. Wenn uns eine Arbeit *bloß* Geld einbringt, dann sind wir wirklich faul gewesen, oder noch schlimmeres. Der Arbeiter, der nicht mehr erwirbt, als den Lohn, den ihm sein Herr zahlt, ist betrogen und betrügt sich selbst. Wer durch Schriftstellerei oder durch Vorträge Geld machen will, muß populär zu werden trachten, und das bedeutet senkrechten Niedergang. Die Dienste, für welche die Gesellschaft am bereitwilligsten zahlt, sind die, die zu leisten am peinlichsten ist: man wird bezahlt, um weniger zu sein, als ein Mensch.

(Vermischte Schriften)

*

Ich möchte darauf hinweisen, daß man sehr fleißig sein und dabei doch einen schlechten Gebrauch von der Zeit machen kann. Es gibt keinen gröberen und unheilvolleren Mißgriff, als den, den größten Teil des Lebens dem Broterwerb zu widmen. Alle großen Unternehmungen erhalten sich selbst. Der Dichter zum Beispiel muß sich durch seine Dichtung lebendig erhalten, wie eine Dampfhobelwerkstätte ihren Kessel mit den eigenen Abschnitzeln speist. Unsere Liebe muß den Unterhalt unseres Lebens beschaffen. Wie aber unter den Kaufleuten nach allgemeiner Behauptung siebenundneunzig vom Hundert fallieren, so ist das Leben der meisten Menschen, an *jenem* Maß gemessen, ein Mißerfolg, und der Bankerott läßt sich sicher vorhersagen.

(Vermischte Schriften)

*

Der innere Reichtum steht in geradem Verhältnis zur äußeren Armut. Bei kaltem Wetter brennt das Feuer mit reinerer Flamme.

(Tagebücher)

*

Wer wirklich nutzbringend arbeitet, pfercht seinen Tag nicht voll mit Tätigkeit, sondern schlendert gemächlich zu seiner Arbeit, umflossen von einem breiten Schein von Muße und

Behagen. Sein Tag gestattet ihm einen breiten Rand für Erholung. Er ist nur darauf bedacht, den Kern seiner Zeit in Sicherheit zu bringen, und übertreibt den Wert der Schale nicht. Wozu sollte die Henne den ganzen Tag sitzen? Sie kann ja doch nur ein Ei legen; und außerdem verabsäumt sie, den Stoff für ein neues aufzupicken. Wer viel arbeitet, arbeitet nicht tüchtig.

(Tagebücher)

*

Die Leute sind närrisch, die vor allem materielle Güter, Häuser und Ländereien aufhäufen. Das Stammkapital unseres Lebens, unser wirklicher Grundbesitz, ist jene Summe von Gedanken, die wir gehabt und durchgedacht haben. Der Boden, den wir auf diese Art bereiteten, bleibt für alle Zeit der Weideplatz für unsere Gedanken. Wer jemals ein Werk ausgeführt hat mit diesen feinsten Werkzeugen: Phantasie, Geist und Verstand, der hat eine neue Schöpfung vollbracht, die unabhängig von der Welt als ewiger Besitz fortwährt. Ein Etwas, zurückgelegt für Regentage; ein Platz, ausgerodet in der Wildnis.

(Ausflüge)

*

Ist der nicht gastfreundlich, der Gedanken bei sich empfängt?

(Tagebücher)

*

Das Kapital, dessen wir bedürfen, ist völlige Unabhängigkeit von jeglichem Kapital, außer von reinem Gewissen und entschlossenem Willen.

(Tagebücher)

*

Der Wert einer Sache wird meistens nach der Menge Geld geschätzt, die sie einbringt. Jedes Ding, sagen wir etwa die hübsche Lage für ein Haus, gilt so lange für wertlos, bis es nicht in so und soviel Geld umgesetzt werden kann, das heißt, bis es nicht aufhört zu sein, was es ist, und zu etwas wird, das man vorzieht. Alle prosaischen Leute, Leute, die nicht mehr haben als Hausverstand und in erster Linie an diese Art Reichtum glauben, spekulieren also, wie man sieht, in unsicheren Papieren und betrügen sich fortwährend selbst; die Dichter aber und alle einsichtvollen Leute, die ideale Zwecke im Leben verfolgen und wissen, was sie brauchen, spekulieren in wahren Werten. Der gemeine und niedrige Wert der Dinge hängt ab von seiner Umsetzbarkeit in etwas anderes und hat mit dem inneren Wert nichts zu schaffen. Für die meisten hat die Welt und das Leben tatsächlich nur diesen niedrigen Wert. In den Südstaaten hat der Mensch als Sklave einen bestimmten Preis; so viele Dollars ist er wert. Im Norden ist es ganz ebenso. Mancher beginnt sein Leben mit der Absicht, innerhalb eines Zeitraums oder bis zu seinem Tode eine gewisse Summe Dollars zu machen; und die ist dann sein Preis, nicht anders, als wenn er in den Südstaaten um diesen Betrag bei einer Auktion veräußert worden wäre.

(Tagebücher)

*

Ich kann weder denken, noch meine Gedanken aussprechen, wenn ich nicht unbegrenzten Raum habe. Der Dom des Himmels ist nicht zu hoch, die See ist nicht zu tief für den, der einen großen Gedanken entfalten will. Er muß mich nähren, wärmen und gewanden, er muß ein Fest sein, zu dem mein ganzes Ich geladen ist; ich muß wissen, daß die Götter mit mir zu Gast sein werden.

(Tagebücher)

*

Ich bin wie eine Feder, die im Luftraum schwebt. Zu allen Seiten ist unergründliche Tiefe.

(Tagebücher)

*

Es ist von größter Wichtigkeit, daß ein jeder seine Bestrebungen auf Gebiete beschränke, der Gelehrte zum Beispiel auf Studien, die seinem Leben zunächst liegen, zu seinem Leben hinführen und nicht wider die innerste Neigung seines Willens oder seiner Vorstellungswelt löken. Im Verlauf seiner Untersuchungen findet der Gelehrte manche Gebiete, die ihm besonders fruchtbar und leuchtend, manche andere, die ihm trocken, dürr und dunkel erscheinen. Wenn er weise ist, so wird er sich nicht mit diesen abquälen, wie eine Pflanze im Keller, die sich nach dem Lichte streckt. Er wird das Feld, auf dem sich sein Geist betätigen soll, so nahe als möglich an das Leben seiner Sinne und an ihre Erfahrungen heranrücken.

Sein Gedankenleben muß von dem Leben seines Körpers belebt und beflügelt werden.

(Tagebücher)

*

Der afrikanische Jäger Cummings erzählt, daß das Fell der Elenantilope, wie das der meisten Antilopen, wenn sie eben erlegt wurden, einen köstlichen Duft von Bäumen und Gräsern ausströmt. Ich würde wünschen, daß jeder Mensch in diesem Sinn der wilden Antilope gliche und so sehr Stück und Teil der Natur wäre, daß seine ganze persönliche Erscheinung unseren Sinnen auf die würzigste Art seine Gegenwart kund täte und jene Gefilde der Natur in uns wachriefe, die sein eigentliches Jagdrevier sind.

(Ausflüge)

*

Ein guter Seemann steuert sich mit wenigen Windrichtungen durch und weiß die größten Hindernisse als Triebkraft auszunützen. Die meisten wenden und stagen, sobald der Wind von achtern umspringt; da aber innerhalb der Tropen der Wind nicht von allen Punkten der Windrose einkommt, so gibt es Häfen, die sie nie erreichen.

(Eine Woche)

*

Wenn du jemanden überzeugen willst, daß er unrecht tut, so tue recht. Aber lege kein Gewicht darauf, ihn zu überzeugen. Die Leute glauben, was sie sehen; sie mögen sehen. Verfolge dein Leben, halte gleichen Schritt mit ihm, umkreise es fort und fort wie ein Hund den Sessel seines Herrn. Wisse, wo dein Knochen liegt; benage ihn, grab ihn ein, grab ihn wieder aus und benage ihn wieder. Sei nicht zu moralisch; du könntest dich dadurch ums Leben betrügen. Strebe über Moralität hinaus. Sei nicht einfach gut; sei gut zu etwas. Jede Fabel hat wohl eine Moral; aber der Reine ergötzt sich an der Geschichte.

(Briefe)

*

Tu, was keiner für dich tun kann; alles andere unterlasse.

(Briefe)

*

Ein weiser Mann verläßt nicht seinen Weg um einer Auskunft willen. Er könnte ebensogut die Natur verlassen oder Selbstmord begehen.

(Tagebücher)

*

Wie kann ein Mensch schwach sein, der überhaupt wagt, *da zu sein*? Die zarteste Pflanze erzwingt sich ihren Weg durch die härteste Erdschicht und durch Felsenritzen hindurch; einem Menschen nun gar vermag keine materielle Kraft zu widerstehen. Was für ein Keil, was für ein Hammer, was für ein Mauerbrecher ist ein Mann von *Ernst*! Jeder sollte dastehen als Verkörperung einer völlig unwiderstehlichen Kraft.

(Briefe)

*

Große Männer sind nicht rasch auszulernen, nicht einmal in ihren Umrissen; sie verwandeln sich wie die Berge am Horizont, wenn man entlang reitet.

(Tagebücher)

*

Jeder herzhafte Schlag, den ich mit diesen meinen Händen führe, tötet einen inneren Feind.

(Tagebücher)

*

Sei entschlossen und ehrlich was du bist, in Demut, was du zu sein erstrebst. Gib den Menschen ja nur das Beste deiner Ware, mag es auch noch so armselig sein, und die Götter werden dir helfen, einen bessern Vorrat für die Zukunft anzulegen. Das vornehmste Geschenk von Mensch zu Mensch ist die Aufrichtigkeit, denn in ihr ist das Ganze seines Wesens eingeschlossen. Nur nicht ängstlich aus sich herausschleichen, um einem stärkeren oder schwächeren Magen bekömmlich zu sein, sondern frank und frei sich selber darbringen und die Schätze auf einmal ausschütten. Ich möchte in Gesellschaft und im Freien derselbe sein: der Natur gegenüber gibt es weder Zurückhaltung noch Unverschämtheit.

(Tagebücher)

*

Es wäre gut, wenn wir uns immer gleichsam in Perspektive sähen, auf den Himmel scharf konturiert, an der Seite eines

Gebüsches am Bachesrand. Gegen den Abendhimmel sollte sich unser Leben wie ein schöner, sonnbeschienener Baum abheben; bei Sonnenaufgang aber sollte es auf einem Hügel stehen im Osten, um in den ersten Strahlen des Morgenrots zu glitzern.

(Tagebücher)

*

Nur wenn wir geneigt und vorbereitet sind, in einer Kreatur mehr zu erblicken, als was zutage liegt, können wir das würdigen, was offenbar ist.

(Tagebücher)

*

Wir sind nicht gar weit vom Richtigen entfernt, wir Yankees, die wir eine Frage wiederum mit einer Frage zu beantworten pflegen. Ja und Nein sind Lügen. Eine wahre Antwort hat nichts festzustellen, sondern alles in Fluß zu setzen. Alle Antworten liegen in der Zukunft, und Morgen ist die Antwort auf Heute.

(Tagebücher)

*

Wer in Übereinstimmung mit den höchsten Gesetzen lebt, ist in gewissem Sinne keinem Gesetz untertan. Wir machen sicherlich eine unheilvolle Entdeckung, wenn wir ein Gesetz auffinden, das uns bindet, wo wir uns für ungebunden hielten. Atme frei, Kind des Nebels. Der Mann, für den das Gesetz erschaffen wurde, nicht damit er dem Gesetz, sondern damit das Gesetz ihm gehorche, der ruht auf Daunenkissen, von denen er getragen wird, wohin es ihm gefällt; denn über allen himmlischen und irdischen Gesetzen erhaben ist der Mensch, der sich seine Freiheit nimmt.

(Tagebücher)

*

Tu nichts bloß aus gutem Vorsatz. Gewöhne dich, nur der Liebe nachzugeben. Überlaß dich dem Zauber der Anziehung. Es ist vergebliche Mühe, über ein ersonnenes Thema zu schreiben; wir müssen warten, bis es eine Flamme in uns entzündet. Hinter jeder Bemühung, die erfolgreich sein soll, muß die zeugende Kraft der Liebe stehen.

(Tagebücher)

*

Uns allen fehlt ein passender Hintergrund für unser Leben. Es sollte wenigstens, wie das Leben der Anachoreten, für den Beschauer so eindrucksvoll sein, wie ein Gegenstand in der Wüste, eine zerbrochene Säule oder ein zerfallener Erdwall, gegen den grenzenlosen Horizont gesehen. Charakter gewährt diesen Vorzug unter allen Umständen schon an sich; scharf umrissen steht er da, ohne Zusammenhang mit Dingen und Menschen der greifbar nahen Alltäglichkeit.

(Eine Woche)

*

In der Poesie gelingt nichts von ungefähr; kein Kniff geht durch. Das beste, das einer schreiben kann, ist das beste, das er ist. Jeder Satz ist das Ergebnis einer reiflichen Überprüfung. Wir lesen den Charakter des Autors von der ersten bis zur letzten Seite; der läßt sich nicht korrigieren. Wir lesen ihn wie die Hauptzüge einer Handschrift, ohne auf die Schnörkel zu achten. Ganz ebenso steht's mit unserem übrigen Tun. Durch alle unsere Handlungen läuft der Charakter schnurgerade, gleichsam mit dem Lineal gezogen, hindurch, mögen die Krümmungen rund herum noch so zahlreich sein. Unser ganzes

Leben wird nach der geringsten Leistung von Tüchtigkeit eingeschätzt; sie ist der Reinertrag. Wie wir essen, trinken, schlafen, wie wir jetzt in diesen indifferenten Tagen, wo uns kein Auge beobachtet und kein Vorfall in Erregung bringt, unsere losen Stunden hinbringen, das entscheidet, was wir in kommenden Zeiten gelten und taugen werden.

(Tagebücher)

*

Manche Köpfe denken und urteilen so wenig logisch wie die Natur. Sie sind nicht imstande Gründe anzuführen oder Vermutungen aufzustellen, sie enthüllen einfach die feierliche, unwiderlegliche Tatsache. In geschichtlichen Fragen tun sich die Gräber auf um ihretwillen. Sie gebieten über eine stumme Tatsachenlogik, die den forschenden Verstand und die natürliche Vernunft gleicherweise überzeugt. Jede bedeutungvolle Frage, jede befriedigende Antwort ist immer so beschaffen.

(Eine Woche)

*

Die Bestimmung unserer Seele läßt sich nicht mit dem Verstand ergründen, denn in den Methoden des Verstandes hat das Ekstatische keinen Raum. Die gescheitesten Erwägungen und Beweise sind nur ein Spiel, das ich mit mir selber spiele. Ich kann mich nicht selbst einfangen und überzeugen; Gott muß überzeugen. Ein arithmetisches Problem läßt sich ausrechnen, ein moralisches nicht. Die Tugend läßt sich ebensowenig berechnen wie abschätzen. Und eben die Tugend ist die Bestimmung des Menschen; die Tugend, das Mensch-Sein; Dinge, die durchaus ins moralische Gebiet gehören und die nur das Leben der Seele uns erschließt. Der Verstand müßte dieses Ding fesseln und beschneiden, bevor er sich darauf anwenden ließe. Wie kann einer, der noch nicht begriffen hat, wohin seine Bestimmung lautet, diese lange Reise Schritt vor Schritt durchführen? Wie kann einer, dessen Paß nicht bis zur Endstation giltig ist, hoffen, diese schwierige Reise ohne Unterbrechung durchzuführen? – Auf der einen Seite des Menschen liegt das Reale, auf der anderen das Ideale. Jenes ist das Gebiet des Verstandes, der auch ein göttliches Licht sein kann, wenn er eben auf dieses gerichtet ist; aber in das Ideale kann er nicht hineinreichen, ohne zu erblinden. Der Mond wurde erschaffen, um bei Nacht zu regieren, aber die Sonne regiert bei Tag. Der Verstand ist nichts als eine bleiche Wolke, wie der Mond, wenn ein Strahl göttlichen Lichtes einfällt, um die Seele zu erleuchten.

(Tagebücher)

*

Auf welche Kosten wird jedes wertvolle Werk vollbracht – auf Kosten eines Lebens! Während man eine Sache sorgfältig durchführt – wozu taugt man mittlerweile?

(Tagebücher)

*

Wenn der Himmel für uns verdunkelt ist und nichts Hohes und Heroisches erscheinen will, wenn Unzulänglichkeiten und Fehlgriffe aller Art unser Gemüt niederdrücken, dann sind wir geneigt, uns den Daumen zu lutschen und unser Schicksal zu verfluchen, als sei bei trübem Wetter nichts anzufangen. Wenn man den oberen Weg nicht reisen kann, so gehe man eben den unteren; man wird finden, daß sie gleicherweise zum Himmel führen. Man sollte das Triviale nicht immer abschütteln, sondern ohne Zögern willkommen heißen und zärtlich behandeln. Begieße die Winde, bis sie blüht; in guter Pflege wird sie Früchte tragen. Es gibt zwei Wege zum Sieg: mutig kämpfen oder weichen. Wieviel Qual uns das letztere erspart, haben wir noch nicht erfahren.

(Tagebücher)

*

Ich weiß nicht, woran ich den wachen Zustand vom Traume unterscheiden sollte. Leben wir nicht immer das Leben, das wir zu leben uns einbilden? Furcht erzeugt Gefahr, und Mut verscheucht sie.

(Tagebücher)

*

Die Träume sind der Prüfstein unsers Charakters. Im Traume sehen wir uns nackt; wir sehen unsern wahren Charakter in Wirksamkeit, und zwar so deutlich, wie wir in wachem Zustand niemals die anderen Leute sehen. Wenn unsere Tugend wirklich unerschütterlich und gebieterisch ist, so zwingt sie sogar unsere wüstesten und unsere verschwommensten

Träume zur Hochachtung vor ihrer immer-wachen Allgewalt; wir sagen ja auch gewohnheitmäßig: wir hätten uns so etwas nicht *träumen* lassen. Unser wahrstes Leben ist dann, wenn wir in Träumen wachen.

(Eine Woche)

*

Das Unbewußte im Menschen ist das Bewußtsein Gottes.

(Eine Woche)

*

Ich ertappe mich dabei, am abstraktesten dann zu philosophieren, wenn nachts oder morgens das Bewußtsein gerade zurückkehrt. Die richtigsten Beobachtungen und feinsten Unterscheidungen mache ich, solange der Wille noch völlig schläft und der Geist wie eine Maschine ohne Reibung arbeitet. Ich bin mir bewußt, während des Schlafs die Grenzen des Individuums überschritten zu haben; ich mache Beobachtungen, ich führe Gespräche, die ich im wachen Zustande nicht zurückrufen und nicht würdigen kann. Es ist so, als tauchte das Individuum im Schlafe in den unendlichen Geist hinein und käme erst im Augenblicke des Erwachens an die

Grenzen dieses letzteren zurück. Es gibt einen Augenblick in der Dämmerung, wann die nächtliche Finsternis entflieht und bevor die Ausstrahlungen des Tages aufzusteigen beginnen, wo wir die Dinge wahrer sehen, als zu irgend einer anderen Zeit. Das Frühlicht ist zuverlässiger, weil unsere Sinne reiner sind und die Atmosphäre weniger dick ist; am Nachmittag erscheint alles gleichsam in Spiegelung.

(Tagebücher)

*

Nichts war mir jemals so fremd und so erschreckend wie meine eigenen Gedanken.

(Tagebücher)

*

Es ist immer nur ein kleiner Schritt zur Geistesruhe.

(Tagebücher)

*

Eine Handlung, die der vollen Persönlichkeit entspringt, verhält sich zu einer Handlung aus Pflicht, wie das französische Verbum „être“ zu „devoir“. Pflicht ist dasjenige, welches

„devrait être“. Pflicht gehört in das Gebiet des Verstandes, aber der Genius kennt keine Pflichttreue. Ein ganzer Mann hat beides: Genius und Talent; das eine ist sein Kopf, das andere sein Fuß. Zufolge des einen ist er, zufolge des anderen lebt er.

(Tagebücher)

*

Schon allein der *Pulsschlag* des Genius wirkt zerstörend. Seiner Atmosphäre kann sich der Körper niemals völlig anpassen; er unterliegt in den meisten Fällen und geht dem sicheren Verderben entgegen.

(Tagebücher)

*

Törichte Leute haben die Gewohnheit, so zu sprechen, als ob es auch Nicht-Kranke gäbe. Aber der Unterschied zwischen den Menschen, was die Gesundheit betrifft, ist wirklich nicht groß genug, um besondere Betonung zu rechtfertigen. Manche gelten für krank, andere wieder nicht; aber es geschieht oft genug, daß der Gesunde von dem Kranken versorgt wird.

(Eine Woche)

*

Der Mensch mag schlafen oder wachen, laufen oder schlendern, ein Mikroskop und ein Teleskop benützen oder sein unbewaffnetes Auge, nie entdeckt er etwas anderes, nie erhascht er, nie überholt er etwas anderes als sich selbst. Was er sage oder tue, er gibt immer nur Auskunft über sich selbst. Er ist im Paradies der Liebe, weil er *liebt*; im Himmel, weil er *glücklich ist*; in der Hölle, weil er *leidet*. Sein Zustand ist's, der sein Milieu bestimmt.

(Briefe)

*

Mein Heim ist das ganze Stück Natur, das mein Herz umschließen kann. Wenn meine warmen Empfindungen nur meinem Hause gehören, so ist nur das mein Heim. Wenn ich aber mit der Natur ihre Gluten und Fröste, ihre Töne und ihr Schweigen in mir fühle, wenn ich die Ruhe und Gelassenheit, die auf den Feldern um mich liegt, teile, dann sind sie mein Haus genau so, als wenn der Kessel summte, die Reiser knisterten und an der Wand die Uhr ticktackte.

(Tagebücher)

*

In der psychischen Welt gibt es Phänomene ganz analog denen, welche der Zoologe *Generationswechsel* nennt, wobei es mehrerer einander ungleicher Generationen bedarf, um das vollkommene Tier hervorzubringen. Das Leben mancher Menschen ist nur ein Streben, ein Sehnen nach einem höheren Zustand und wird völlig mißverstanden, solange es nicht zu allen seinen Metamorphosen in Beziehung gesetzt und durch alle hindurch verfolgt wurde. Wir können uns über den geistigen und sittlichen Zustand eines Menschen nicht aussprechen, bevor wir nicht voraussehen, welche Metamorphose sich für ihn vorbereitet.

(Tagebücher)

*

Es will mir zuweilen scheinen, daß ich mein bischen Erfolg, alles das, was mir Lob von den Menschen einbringt, meinen Lastern verdanke. Ich bin vielleicht halsstarriger als andere, ich opfere, um meine Zwecke zu erreichen, ungeheuer viel, gelegentlich sogar das Glück der anderen. Es scheint fast, als könne nichts gutes Zustandekommen ohne ein Gran Lasterhaftigkeit als Hilfe.

(Tagebücher)

*

Was mich in meinen Schriften am meisten beleidigt, ist das moralische Element darin. Der Reuige spricht nie ein tapferes Wort; er sollte an seinen guten Vorsätzen lieber im stillen knabbern. Streng genommen ist das Moralische nichts gesundes. Die unverdienten Freuden, die ungerufenen, die mehr Lust erregen als Dankbarkeit, die sind's, die singen.

(Tagebücher)

*

Man kann nicht rasch genug seine Irrtümer und Fehler vergessen. Lange bei ihnen verweilen, heißt ihre Schuld vergrößern. Reue und Kummer lassen sich nur durch etwas besseres verdrängen, durch etwas, das so frei und ursprünglich ist, als wären sie nie gewesen. Ein großes Herz rechnet seine Vergehungen nicht sich selber zu, sondern geht gänzlich auf in dem Vorgefühl seiner Tüchtigkeit und Würde in kommenden Tagen.

(Tagebücher)

*

Unsere Fehler liegen immer in der Richtung unserer Vorzüge und sind bestenfalls nur glaubhafte Kopien der letzteren. Eine Unwahrheit erreicht nie die Würde einer vollkommen lügenhaften Gesinnung; sie ist nur eine niedrigere Art Wahrheit. Wäre sie Lüge durch und durch, sie liefe Gefahr, Wahrheit zu werden.

(Eine Woche)

*

Es ist ganz wertlos, sich wegen der eigenen Fehler immer zu beunruhigen. Das Gewissen kann und darf die Gesamtheit unseres Lebens nicht für sich allein in Anspruch nehmen, nicht mehr als der Kopf oder das Herz. Es ist Krankheiten unterworfen, genau so wie jeder andere Teil. Ich habe Leute gesehen, deren Gewissen, offenbar weil es bereits zu viel Nachgiebigkeit erfahren hatte, so reizbar geworden war wie ein verzogenes Kind, und keine Ruhe mehr halten wollte. Sie wußten nie, wann sie ihr wiedergekäutes Futter endlich schlucken sollten – und ihr Leben gab selbstverständlich keine Milch.

(Eine Woche)

*

Wann wird die Welt einsehen lernen, daß eine Million Menschen nichts bedeutet im Vergleich zu einem Manne?

(Briefe)

*

Die meisten Leute, mit denen ich rede, – es sind darunter Männer und Frauen von Eigenart, sogar von Genie – besitzen vom Weltall ein fertig zugeschnittenes und wohlgetrocknetes Schema; es ist wirklich sehr trocken für den Hörer, trocken genug zum Einheizen, außerdem wurzeldürr und stockfaul. Nach den ersten Worten richten sie es auf zwischen sich und mir; einen alten klapprigen Rahmen mit abgeschlagenen Ecken. Sie gehen nicht aus ohne ihr Bett. Manche Dinge und Beziehungen, die mir ganz nebensächlich und unwesentlich erscheinen, gelten ihnen als unumstößlich für alle Ewigkeit festgesetzt, zum Beispiel Vater, Sohn und Heiliger Geist und dergleichen mehr. Für sie ist das so viel wie die ewigen Berge.

Ich fürchte, Christus selbst hatte so ein Schema: seine Anpassung an die Tradition, die seine Lehre etwas verdirbt. Er hatte nicht alles Formelwesen verdaut und manche seiner Aussprüche sind nichts als leere Schulweisheiten. Gott in seiner Vollkommenheit hat sich niemals in einem einzigen solchen Gebote geoffenbart, wie Ihr, seine Propheten, sie aufstellt.

(Eine Woche)

*

Sonderbar, wirklich sonderbar ist die unaufhörliche Anforderung, die das Christentum an uns stellt, alles vom moralischen Gesichtspunkt aus zu beurteilen. Man mag ein noch so kleiner Wurm sein, schon gellt einem der Ruf ins Ohr: Bereue, bereue. Die Welt des Christen will es nicht gelten lassen, daß man eine Wahrheit richtig erfassen könne, ohne gleichzeitig auszurufen: Herr, sei mir armem Sünder gnädig!

(Tagebücher)

*

Es ist ermutigend zu wissen, daß, obwohl jedes Körnchen Wahrheit aus unseren Kirchen sorgfältig weggefegt worden ist, der Staub der Wahrheit dennoch an ihren Wänden hängen blieb, so daß sie plötzlich wie eine Pulvermühle explodieren würden, wenn jemand mit einem Licht hineinträte.

(Tagebücher)

*

Der weiseste Konservatismus ist der der Inder. „Unvordenkliche Sitte ist transzendentales Gesetz," sagt Manu. Das will heißen: sie war das Gesetz der Götter, ehe die Menschen sie in Anwendung brachten. Dieser Konservatismus ist erhaben, so weit wie die Welt, so unverbraucht wie die Zeit, und erhält, in echt asiatischer Scheu vor Veränderung, das Universum in dem Zustand, in welchem es ihrem Geist erschienen war. Die indischen Philosophen legen besonderen Nachdruck auf die Unverbrüchlichkeit und Unabänderlichkeit der Gesetze, auf die Bedeutung der geistigen und körperlichen Anlage, auf die drei „Gun" oder Eigenschaften und auf die äußeren Umstände, das ist Geburt und Verwandtschaft.

Das Christentum hingegen ist auf das Menschliche und Praktische gerichtet; es ist radikal in weiterem Sinn. Der Brahmane hatte sich's nie einfallen lassen, außer ein Kind

Gottes auch noch ein Bruder der Menschen zu sein. Christus aber ist der Fürst der Reformatoren und der Radikalen. Viele Aussprüche, die im Neuen Testamente stehen, kommen den Protestanten ganz von selbst auf die Lippen; es liefert die für's praktische Leben bestverwertbaren Bibelstellen. Kein unschuldvolles Träumen ist darin zu finden, kein weises Schauen, es steht durchgehends auf dem Boden nüchterner Verständigkeit. Es *sinnt* nicht, es *bereut*. Es liegt keine Poesie darin, nichts was sozusagen nur im Lichte der Schönheit gesehen wäre, es beschäftigt sich nur mit moralischen Wahrheiten. Es hat ein Gewissen, das alle Sterblichen schuldig spricht.

(Eine Woche)

*

Nirgendwo, nicht im Osten und nicht im Westen, leben die Menschen das Leben der Natur, um welches sich die Rebe schlingt und das die Ulme freundlich beschattet. Nicht Vergeistigung allein tut not, sondern auch Einwurzelung in die irdische Scholle. Die Winde müßten des Menschen Atem sein, die Jahreszeiten seine Stimmungen, und seine Heiterkeit müßte die Natur selbst beeinflussen. Hier oder nirgends ist unser Himmel.

Wir können uns nichts köstlicheres ausdenken als das, was wir wirklich erlebt haben. „Die Erinnerung an die Jugend ist ein Seufzer." In den Jahren der Reife quält uns die Sehnsucht, die Träume unserer Kindheit mitzuteilen, aber sie sind halbvergessen, bevor wir sie aussprechen lernen. Wir müssen ebenso Erdgeborene wie Himmelssöhne sein, Griech. Wort fehlt, wie es in alter Zeit von den Titanen hieß; und in noch besserem Sinne als sie.

Wir brauchen um keinen höheren Himmel zu beten, als der ist, den die reine Sinnenwelt, ein *rein* sinnliches Leben gewährt. Unsere Sinne von heute sind das bloße Rudiment von dem, was sie zu werden bestimmt sind. Vergleichsweise sind wir taub und stumm und blind, ohne Geruch und Geschmack und Gefühl. Jede Generation macht die Entdeckung, daß ihre göttlichen Kräfte vergeudet, ihre Sinne, alle ihre Fähigkeiten mißbraucht und verdorben wurden. Die Ohren wurden nicht zu dem gemeinen Gebrauch, an den man meistens denkt, erschaffen, sondern um göttliche Musik zu hören; die Augen nicht für die unwürdigen Zwecke, in denen sie abgenützt werden, sondern um eine Schönheit zu sehen, die noch verborgen ist. Sollten wir Gott nicht *sehen* können? Sollen wir uns mit einem Amüsement abfinden lassen, als wäre das Leben eine bloße Allegorie? Ist die Natur für den, der richtig zu lesen versteht, nicht in Wirklichkeit das, als dessen bloßes Symbol sie gewöhnlich gilt? Was heißt also erziehen anderes, als diese göttlichen Keime, die Sinne genannt werden, entwickeln?

Freilich, es ist leichter, noch eine neue Welt zu entdecken, wie Columbus tat, als hinter eine einzige Hülle dieser Welt zu dringen, die uns so wohlbekannt erscheint. Aber ein Augenblick gesunden und natürlichen Empfindens genügt, um uns zu lehren, daß es eine Natur hinter der gewohnten gibt, auf welche wir bis jetzt nur ein unbestimmtes Vorkaufsrecht besitzen. Wir leben auf dem äußeren Saum dieses Gebietes. Treibholz und schwimmendes Astwerk und die Röte des Abendhimmels ist alles, was wir davon kennen. Laßt uns ein bißchen Geduld haben, meine Freunde, und keine Ausschußware hier kaufen; laßt uns vielmehr darauf bauen, daß fruchtbareres Land in kurzem zum Verkauf gelangen wird. Das Erdreich, auf dem wir stehen, ist mager; ich fühle, daß meine

Wurzeln in fetteres hineinreichen, als dieses ist. Ein Büschel Veilchen in einer Glasvase habe ich gesehen, locker mit Stroh gebunden, und das gemahnte mich an mich selbst.

(Eine Woche)

*

II. Der Mensch unter Menschen

In der Liebe kleiner Seelen mache ich viele kurze Reisen; aber vergeblich. Ich finde keinen Seeraum. Aber in großen Seelen segle ich ohne Wachtdienst vor dem Wind und stoße niemals auf Land.

* * *

Das Licht der Sonne ist nur der Schatten der Liebe. Die Liebe ist der Wind, die Flut, die Woge und der Sonnenglanz. Ihre Kraft ist unberechenbar; sie hat viele Pferdekräfte. Sie endet nie, sie wird nie schlaff; den Erdball kann sie bewegen ohne Stützpunkt, sie kann wärmen ohne Feuer, nähren ohne Fleisch, kleiden ohne Gewand, bergen ohne Dach; sie schafft ein inneres Paradies, das jedes äußere entbehrlich macht.

(Vermischte Schriften)

*

Das große einsame Herz liebt allein, ohne den Gegenstand seiner Liebe zu kennen; es hat keinen Partner in seiner Liebe. Es spendet seine Liebe, wie die Wolke den Regen auf die Felder niederträufelt, über denen sie schwebt.

(Tagebücher)

*

In unserm Umgang mit jemandem, den wir lieben, erwarten wir Antwort auf jene Fragen, an deren Ende wir die Stimme nicht erheben und kein Fragezeichen setzen – eine Antwort, die ebenso unfehlbar wie allumfassend nach jedem Punkte der Windrose zielt.

(Briefe)

*

Liebe muß ebensosehr Licht wie Flamme sein.

(Briefe)

*

In der Liebe und in der Freundschaft wird die Phantasie nicht weniger in Anspruch genommen wie das Herz; wenn eines von beiden verletzt wird, so erleidet auch das andere eine Entfremdung. Gewöhnlich ist es die Phantasie, die zuerst verwundet wird, leichter als das Herz; sie ist um so viel empfindlicher.

(Briefe)

*

Vergleichsweise können wir jede Kränkung des Herzens vergeben, aber keine, die die Phantasie trifft. Der Phantasie entgeht nichts von ihrer luftigen Höhe aus; sie kennt und sie bewacht die Brust. Mein Herz sehnt sich vielleicht immer noch zutal, aber meine Phantasie gestattet nicht mehr den Sprung den jähen Hang hinab, der mich davon trennt; denn sie ist verwundet, ihre Flügel sind geknickt und sie kann nicht mehr fliegen, nicht einmal niederwärts. „Unser irrendes Herz!“ sagen die Dichter. Die Phantasie aber vergißt nicht; sie ist Rück-Erinnerung. Sie besitzt Fundament und ist höchst vernünftig, weil sie allein alles Wissen unseres Geistes zu benützen weiß.

(Briefe)

*

Ein Liebender hört niemals das *gesprochene Wort*; denn das ist meistens falsch oder verbraucht. Aber er hört Dinge, die vorgehen, wie die Wache den Baron Trenck im Boden wühlen hörte und dachte, es wäre der Maulwurf.

(Briefe)

*

Die Liebe ist ein strenger Richter; der Haß kann mehr vergeben als die Liebe. Wer strebt, würdig zu lieben, unterwirft sich einem Gottesurteil, das unbeugsamer ist, als jedes andere.

(Briefe)

*

Ein Mann von feiner Empfindung hat mehr echte Weiblichkeit an sich als eine bloß weichherzige Frau. Das Herz ist blind, aber die Liebe nicht. Keiner von den Göttern sieht schärfer.

(Briefe)

*

Ich brauche deinen Haß so gut wie deine Liebe. Du verstößt mich nicht ganz, wenn du das verstößt, was schlecht ist in mir.

(Briefe)

*

In der Neigung schwelgen – da liegt die Gefahr. In unserer Liebe muß Nerv und Heroismus stecken, wie in einem Wintermorgen. Die Religionen aller Völker weisen auf eine Reinheit hin, die die Menschen, wie ich fürchte, nie erreichen. Es kann vorkommen, daß wir uns lieben und doch nicht erheben. Die Liebe, die uns nimmt, wie sie uns findet, setzt uns herab. Wie sorgsam müssen wir über der schönsten und reinsten Neigung wachen, damit sie nicht befleckt werde! Möchten wir so lieben, daß wir nie in die Lage kommen, unsere Liebe zu bereuen!

(Briefe)

*

Eine echte Ehe unterscheidet sich in keiner Hinsicht von geistiger Erleuchtung. Jede Wahrheit gewährt, wenn sie lebendig wird, eine göttliche Verzückung, einen unaussprechlichen Freudentaumel, wie wenn der Jüngling seine jungfräuliche Braut küßt. Die höchsten Wonnen einer echten Ehe sind eins damit.

(Briefe)

*

Freundschaft entsteht zwischen denen, die sich gegenseitig anziehen, als vollkommen natürliches, als unvermeidliches Ergebnis, dem kein Beruf und kein Entgegenkommen förderlich sein kann. Nicht einmal das gesprochene Wort hat schon im Anbeginn notwendig damit zu schaffen; es folgt erst dem Schweigen, wie sich auch die Knospen in dem Pfropfreis nicht früher zu Blättern entfalten, als bis das Pfropfreis lange gefaßt hat. Sie ist ein Drama, in welchem die Beteiligten keine Rolle zu spielen haben. Darin sind wir alle Muselmänner und Fatalisten. Menschen, die in ihrer Liebe ungeduldig und unsicher sind, glauben, wann immer sie sich begegnen, etwas freundliches sagen oder tun zu müssen, nie kalt sein zu dürfen. Aber wahre Freunde tun, was sie *müssen*, nicht was sie zu müssen *glauben*. Auch ihre Freundschaft ist ihnen gewissermaßen nichts als ein erhabenes Phänomen.

(Eine Woche)

*

Worte sollten zwischen Freunden überspringen, wie der Blitz von Wolke zu Wolke.

(Tagebücher)

*

Vom Freunde erwarten wir nicht, daß er unseren Körper nähre und kleide – das zu besorgen sind Nachbarn freundlich genug; sondern wir erwarten, daß er unserem Geist solche Dienste erweise. Wir wollen uns verkündigen und wie die Sonne unsere Strahlen ausbreiten; der neue Gedanke entfaltet sich, wenn wir ihn dem Freunde zuwerfen. Freunde sind Zwillingsbrüder, die ihre Interessen eins fühlen. Jeder weiß, daß, was er sagte, ebensowohl der andere gesagt haben könnte. Alle Schönheit, alle Musik, jedes Entzücken entspringt scheinbarem Dualismus, aber wirklicher Einheit.

(Tagebücher)

*

Die Behauptung, jemand sei ein Freund, besagt in der Regel nicht mehr, als daß er kein Feind ist. Die meisten denken nur an das, was ein zufälliger und nebensächlicher Vorteil der Freundschaft sein kann; etwa: Beistand in Zeiten der Not durch materielle Unterstützung, durch persönlichen Einfluß oder durch Rat. Wer aber diese Vorteile freundschaftlicher Beziehung im Auge hat, beweist, daß er für ihre wirklichen Vorteile blind ist und völlig unerfahren in der Beziehung selbst. Derlei Dienste sind engpersönlicher und niedriger Natur im Vergleich mit dem ewigen, allumfassenden Dienst, den uns Freundschaft wirklich leistet. Nicht die äußerste Anspannung von gutem Willen, nicht Übereinstimmung und werktätiges Wohlwollen genügen, um Freundschaft zu schaffen; denn Freunde leben nicht nur in Harmonie, wie gewöhnlich angenommen wird, sondern sie leben in Melodie.

(Eine Woche)

*

In der Freundschaft liegt nicht so viel Güte, als man denkt. Sie hat wenig menschliches Blut in sich; sie verbindet sich vielmehr mit einer gewissen Geringschätzung für die Menschen und für ihre Erbauungsmittel: Christenliebe und Christenpflicht. Man kann sie eine zuinnerst heidnische Verbindung nennen, die, ihrer Natur nach frei und unverantwortlich, alle Tugenden freiwillig übt. Freundschaft ist nicht nur die höchste Form der Sympathie, sondern auch eine reine und hohe Vergeselligung, das Bruchstück eines götterähnlichen Verkehrs aus uralter Vergangenheit, der noch immer von Zeit zu Zeit aufrechterhalten wird und nicht zaudert, über die bescheideneren menschlichen Rechte und Pflichten hinwegzuschreiten, sobald er sich auf sich selbst besinnt. Wenn aber ein Freund aus seinem Heidentum und Götzendienst heraustritt, wenn er, bekehrt durch die Satzungen eines neueren Testamentes, seine Idole zerbricht, seine Mythologie vergißt und seinen Freund als Christen behandelt oder einfach nach bestem Können: dann hört Freundschaft auf, Freundschaft zu sein, und wird Barmherzigkeit.

(Eine Woche)

*

Der ist ein Freund, der uns ohne Unterlaß die Ehre erweist, alle Tugenden in uns zu erwarten, und der sie auch zu würdigen weiß. Es gehören zwei dazu, um die Wahrheit zu sprechen: einer, der spricht, und einer, der hört; bloßes Holz und Gestein, könnte man das mit Hochherzigkeit behandeln? Hätten wir nur mit Falschen und Unredlichen zu tun, wir würden schließlich verlernen, die Wahrheit zu sprechen. Den Wert und Adel der Wahrheit verstehen nur Liebende; Händler schätzen eine wohlfeile Anständigkeit, Nachbarn und Bekannte eine wohlfeile Höflichkeit. In unserem täglichen Umgang mit Menschen bleiben unsere besseren Eigenschaften im Schlummer und verfallen dem Rost. Keiner erweist uns die Ehre, Adel von uns zu erwarten. Wir haben Gold zu verschenken, aber sie wollen nur Kupfer. Was gemeinhin Freundschaft genannt wird, ist nur ein etwas feierlicherer Grad von Hochachtungsbeteuerung zwischen Spitzbuben.

(Eine Woche)

*

Die Schwierigkeiten mit meinen Freunden sind von einer Art, die keine Offenheit auszugleichen vermag. Das Neue Testament enthält keine Vorschrift, die mir helfen könnte. Andere können beichten und Mißverständnisse aufklären, ich kann es nicht. Nicht als ob ich zu stolz wäre; aber Aufklärung ist nicht das, was not tut. Freundschaft ist die unaussprechliche

Freude, die Gnade, die zweien oder mehreren daraus erwächst, daß sie ihrer Natur nach übereinstimmen. Solche Wesen sind keinen Fehlgriffen ausgesetzt, sie kennen sich durch dick und dünn. Zwischen zwei gleichgearteten Naturen, die geschaffen sind, um zu sympathisieren, gibt es keinen Schleier und kein Hindernis. Was heißt Entfremdung? Zwei Freunde, die Aufklärungen austauschen.

(Tagebücher)

*

Meine Bekannten geben mir zuweilen zu verstehen, ich sei zu kalt; aber jedes Ding ist warm genug für seine Art. Das Feuer selbst ist kalt für alle Dinge, die ihrer Natur nach nicht von ihm erhitzt werden können. Daß ich kalt bin beweist, daß ich von anderer Art bin.

(Tagebücher)

*

Die allernördlichste See, die „Polina" genannt wird, gilt für eisfrei. Hab Ausdauer mit den kältesten Naturen, geh weit genug; in ihren höchsten Breitegraden findest du offene See.

(Tagebücher)

*

Ich bin zu kalt für Freundschaft mit Menschen; ich hoffe, ich werde nicht zu kalt sein für die Einwirkungen der Natur. Es scheint ein Gesetz zu sein, daß man nicht für beides, für den Menschen und für die Natur, tiefe Sympathie empfinden kann. Eigenschaften, die dem einen nahebringen, entfremden dem anderen.

(Tagebücher)

*

Wenn ich mit jemandem zusammentreffe, der anders geartet ist wie ich, so finde ich mich selbst *ganz und gar* in der Ungleichartigkeit. Worin ich anders bin, wie die anderen, darin liegt mein eigenes Selbst.

(Tagebücher)

*

Von meinem Gefährten verlange ich den Nachweis, daß er weiter gewandert ist, als bis zu den Quellen des Nils, daß er über den Umkreis von Stadt und Haus hinausgekommen ist;

nicht, daß er eine gute Geschichte erzählen, sondern daß er ein gutes Schweigen bewahren kann. Hat er jemals einer Stille gelauscht, die bedeutsamer war als alle Geschichten? Hat er jemals die Straße verlassen, auf der alle Menschen und alle Narren pilgern? Du willst ein weitgereister Mann sein, mag sein; kommst du aber auch über das Einflußgebiet einer gewissen Klasse von Anschauungen hinaus?

(Tagebücher)

*

Was für ein subtiles Ding ist doch Vertrauen! Nichts wahrnehmbares geht vor; keine Folgen kommen jemals zutage, wenn es an die unrechte Stelle gelangte. Und dennoch, etwas ist durchgesickert; ein neues Betragen sprießt auf, das Schiff führt neuen Ballast in seinem Kielraum. Ein hinreichend großes und weitherziges Vertrauen kann nicht mißbraucht werden. Wer ein großes Vertrauen schenkt, wird ein gleiches in sich Wurzel fassen fühlen. Wenn es eben empfangen oder geschenkt wurde, so wagen wir nicht zu sprechen, kaum einander anzublicken; unsere Stimmen klingen hart und unwert des

Vertrauens. Wir sind wie Instrumente, auf denen die unsichtbaren Mächte spielten.

(Briefe)

*

Die Erfahrung sitzt im Kopf und in den Fingern; das Herz macht keine Erfahrungen.

(Tagebücher)

*

Während wir Gehorsam für die menschlichen Gesetze predigen und für die göttlichen, soweit sie im Neuen Testament enthalten sind, bleiben die natürlichen Gesetze, die im Genius, in der Liebe und in der Freundschaft liegen, unverkündigt und unbetont. Wie manche scheinbare Herzlosigkeit ist gerade durch Überfülle des Herzens zu erklären, wie viel scheinbare Rücksichtslosigkeit, ja sogar Selbstsucht, ist offenkundiger Gehorsam für diesen Kodex göttlicher Gesetze.

(Tagebücher)

*

Für zwei Leute, die sich zwar fremd, aber doch freundlich gestimmt sind, ist es schwierig, sich gegeneinander so wahr zu benehmen, daß nicht bald ein Gefühl von Falschheit und Hohlheit zwischen ihnen aufkommt. Die leiseste Ängstlichkeit sich wahr zu benehmen, verdirbt die Beziehung.

(Tagebücher)

*

Du kannst den Verdacht, mit dem dir ein anderer begegnet, aus dem Betragen, zu dem du dich gezwungen fühlst, erkennen. In seiner Gegenwart trägst du einen neuen Charakter, gleichsam wie ein ungewohntes Kleidungstück.

(Tagebücher)

*

Lob und Schmeichelei erregt meistens meine Verachtung, weil es eine Anmaßung in sich schließt; denn wer ist der, der sich erlaubt, mir zu schmeicheln? Die meisten Lobesäußerungen enthalten von Seiten des Lobspendenden die Annahme seiner Überlegenheit. Tatsächlich ist Lob eine feinere Art Herabsetzung.

(Tagebücher)

*

Was man gesellige Tugenden, gute Kameradschaft nennt, ist meistens nur die Tugend von Schweinen desselben Wurfes, die eng beisammen liegen, um sich gegenseitig warm zu halten. Die Menschen werden dadurch haufen- und herdenweise in Kneipen und anderswo zusammengetrieben, aber den Namen Tugend verdient das nicht.

(Tagebücher)

*

Die beste Art den Menschen zu helfen besteht darin, ihnen zu zeigen, wie selten Hilfe wirklich nötig ist. Ich habe keine Eile, den Menschen zu helfen, nicht mehr Eile als Gott. Wenn sie sich nicht selbst helfen wollen, soll ich ihnen darin Vorschub leisten?

(Tagebücher)

*

Mir scheint, daß einem, der auf den Höhen der Philosophie stände, das Menschengeschlecht mitsamt all seinem Tun völlig aus dem Gesichtskreise schwinden müßte; ich glaube, es wird überhaupt zu viel Gewicht auf den Menschen gelegt. Ein Dichter hat zwar gesagt: das wahre Studium des Menschen ist der Mensch; aber ich sage euch: studiert, wie ihr alles das vergessen könnt, und faßt das Universum etwas weiter. Unsere Schwäche ist es, die die Tugend der Philanthropie und der Barmherzigkeit so übertreibt und sie zur rühmenswertesten Eigenschaft des Menschen erhebt. Früher oder später wird die Welt der Philanthropie müde werden und aller Religionen, die ihrer als Hauptstütze bedürfen.

(Tagebücher)

*

Ich mache die Beobachtung, daß manche Leute – meistens Leute von Begabung – in eine gewisse Kruste von feiner Lebensart ringsum eingeengt sind, die zuweilen schön-durchscheinendes Email sein mag, aber dennoch abstößt und betrübt, weil ihre Starrheit ersichtlich jede Fortentwicklung verhindert. Solche Leute sieht man immer nur wie von ferne, wie Insekten unter Glas. Sie haben sozusagen eine vorzeitige Verhärtung des Keimes und der Schale erfahren, wodurch das

Leben der Pflanze schwer beeinträchtigt wurde, wenn nicht gar zerstört. Das nennt man: sich seiner Würde bewußt sein. Solche Leute sind einfach hartgesottene Sünder, in milderem Sinn. Die Perle ist ein hartgesottener Sünder.

(Tagebücher)

*

Die besten Manieren auf der Welt sind plump und dumm, wenn sie mit einer feineren Intelligenz in Berührung kommen. Sie wirken wie die Mode vergangener Zeiten, wie der Hofton, die Knieschnalle und das Beinkleid von gestern. Darin, daß den Manieren der Charakter immer ausreißt, zeigt sich ihr Mangel, nicht ihre Vortrefflichkeit; sie sind abgeworfene Kleidungstücke, Hüllen, die für sich eine Achtung fordern, die dem lebenden Geschöpf gebührte.

(Ausflüge)

*

Jeder Mann, jedes Weib ist ein wahrer Gott, eine wahre Göttin, aber für die große Masse ihrer Mitmenschen verkleidet. Es ist immer nur einer da, der durch die Verkleidung hindurchsieht. Wer niemandem so nahe steht, daß er das Göttliche im Menschen sieht, der ist wirklich allein.

(Tagebücher)

*

Wir leben immer gewissermaßen dicht an der Grenze eines reinen und erhabenen geistigen Verkehrs, der alle Übel und Erbärmlichkeiten des Lebens in lächerliche Dinge verwandeln würde. Nach jeder kleinen Zwischenzeit – und wäre es nur eine Nacht – sind wir wieder bereit, einander als Gott und Göttin zu begegnen.

(Briefe)

*

Was bedeutet die ganz alltägliche Erscheinung, daß eine Seele, die alle Hoffnung für sich selbst verlor, gerade durch das Bekenntnis ihrer Verzweiflung grenzenloses Vertrauen zu sich erwecken kann?

(Briefe)

*

Der eine lügt mit Worten und macht sich einen schlechten Ruf; der andere lügt in seinem Benehmen und genießt den besten.

(Tagebücher)

*

Über Erziehung wird allerhand geschwatzt, aber niemand will die Pflichten eines Erziehers auf sich nehmen. Ich habe noch keinem den vollen Gewinn aus meiner Person gewährt, keinem die Veredlung durch meine Liebe geboten. Darf ich von Nächstenliebe sprechen, der ich meine Zärtlichkeit zuguterletzt doch zurückbehalte, die allein die Nächstenliebe wünschenswert macht? Was der Arme braucht ist nicht weniger als meine ganze Person, und ich entziehe mich meiner Pflicht dadurch, daß ich Lumpen gebe und Fleisch. Was kann ich einem anderen schenken oder versagen als mich selbst?

(Tagebücher)

*

Ich lebe jetzt einige dreißig Jahre auf diesem Planeten und habe von der älteren Generation nicht einmal die erste Silbe eines wertvollen oder auch nur ernsthaften Rates zu hören bekommen. Keiner von den Älteren hat mir etwas Zweckdienliches gesagt; wahrscheinlich sind sie es auch gar nicht imstande. Hier liegt das Leben, für mich ein unversuchtes Experiment; daß andere es durchgeführt haben, nützt mir nichts. Mache ich irgendeine wertvolle Erfahrung, so werde ich mir sicherlich sagen müssen, daß meine Mentoren darüber nicht gesprochen hatten. Was Geheimnis war dem Kinde, bleibt Geheimnis dem alten Mann.

(Tagebücher)

*

Wie gar mancher muß, wenn er auf sein Leben zurückblickt, die Überzeugung gewinnen, daß er ein Talent erwarb, aber einen Charakter verlor. Mein Leben hat sich mir in die Finger verlaufen. Die Gesellschaft tut so, als würdige sie die Menschen nach ihren Begabungen, tatsächlich aber geht ihr Gefühl und ihre Kenntnis auf den Charakter. Was einer tut, ist im Vergleich zu dem, was er ist, nur ein geringer Teil.

(Tagebücher)

*

Nach meiner Meinung sollten wir zuerst Menschen, dann erst Untertanen sein. Es ist durchaus nicht wünschenswert, für das Gesetz denselben Respekt großzuziehen wie für das Rechte! Die einzige Verpflichtung, die ich auf mich zu nehmen berechtigt bin, ist: zu allen Zeiten das zu tun, was ich für recht halte.

(Vermischte Schriften)

*

Ein Mann, der rechtlicher ist als seine Nachbarn, bildet bereits eine Majorität von einer Stimme.

(Vermischte Schriften)

*

Unter einer Regierung, die irgendwen ungerechterweise einsperrt, ist der passende Ort für den gerechten Mann gleichfalls das Gefängnis.

(Vermischte Schriften)

*

Eine Regierung ist bestenfalls ein Notbehelf; die meisten Regierungen aber sind in überwiegendem Maße untauglich, alle Regierungen sind es zeitweilig. Wenn Handel und Gewerbe nicht aus Kautschuk wären, so brächten sie es nie dahin, über die Hindernisse hinwegzukommen, welche ihnen die Gesetzgeber fortwährend in den Weg legen. Wollte man diese Leute ausschließlich nach den Wirkungen ihrer Handlungen und nicht auch zum Teil nach ihren Absichten beurteilen, sie würden verdienen, wie diese boshafte Sorte von Geschöpfen bestraft zu werden, die Klötze auf die Eisenbahnschienen werfen.

(Vermischte Schriften)

*

Ich würde wünschen, daß es möglichst viele verschiedenartige Menschen auf der Welt gäbe, und jeder sollte sorgfältig darauf bedacht sein, seinen *eigenen* Weg ausfindig zu machen und zu verfolgen und nicht statt dessen den seines Vaters oder seiner Mutter oder seines Nachbars.

(Walden)

*

Die Dinge, auf welche heute das Augenmerk der Menschen vor allem gerichtet ist, nämlich Politik und die laufenden Geschäfte des Tages, sind allerdings vitale Funktionen der menschlichen Gesellschaft, sollten aber ebenso unbewußt verrichtet werden, wie die analogen Funktionen des physischen Körpers. Sie sind *untermenschlich*, etwas Vegetatives. Zuweilen habe ich das dämmrige Gefühl ihres Vorsichgehens in mir, wie man sich in krankhaften Zuständen auch des Verdauungprozesses bewußt werden kann, wenn man nämlich die sogenannte Dyspepsie hat. Nicht nur Individuen, auch Staaten leiden somit an chronischer Dyspepsie, deren rhetorische Künste man sich wohl vorstellen kann. So kommt es, daß unser Leben durchaus kein Vergessen all der Dinge ist, deren wir uns, wenigstens in unseren wachen Stunden, nie hätten bewußt werden dürfen, sondern daß es – leider! – in reichem Maße ein Wieder-daran-erinnert-werden bedeutet. Weshalb sollen wir uns immer als Dyspeptiker begegnen, die von ihren schlimmen Träumen erzählen, weshalb nicht manchmal als *Eupeptiker*, um einander zu dem immerstrahlenden Morgen Glück zu wünschen?

(Vermischte Schriften)

*

III. Kunst und Philosophie

Jeder Autor schreibt in dem guten Glauben, daß sein Buch der endgiltige Ruheplatz sein werde, und schlägt ein Gerüst auf wie für mehr als orientalisches Beharren. Aber es ist nur eine Karawanserei, die wir bald ohne Umstände verlassen. Wir lesen auf dem Schilde bloß: Erfrischungen für Mensch und Tier, und eine aufgemalte Hand weist den Weg nach Ispahan oder Bagdad.

* * *

Es würde die Mühe lohnen, unsere Lektüre mit Sorgfalt auszuwählen, denn Bücher sind der Umgang, den wir pflegen. Die besten Bücher sollten wir zuerst lesen, sonst kommen wir vielleicht überhaupt nicht dazu. Aber nicht diejenigen, welche uns ein bequemes Vergnügen bereiten, sondern solche, in denen jeder Gedanke ein ungewöhnliches Wagnis bedeutet, die ein träger Geist nicht hinunterwürgen und ein furchtsamer nicht ergötzlich finden kann, die uns für alle bestehenden Einrichtungen sogar gefährlich machen – die nenne ich gute Bücher.

(Eine Woche)

*

Ein Buch sollte nichts enthalten, als reine Entdeckungen, nichts als den flüchtigen Schimmer einer „terra firma", wenn auch nur im Schiffbruch erhascht; wir wollen nicht über die Kunst der Schiffahrt hören von denen, die das Land nie aus Sicht verloren. Ein Buch solcher Art braucht dem Autor nicht Weizen und Kartoffeln einzutragen: es muß selbst der freie und natürliche Ertrag seines Lebens sein.

(Eine Woche)

*

Nur das Wilde in der Literatur zieht uns an; Langweiligkeit ist bloß ein anderer Name für Zahmheit. Was uns im Hamlet, in der Ilias, in allen Mythologien und heiligen Schriften entzückt, ist das freie und wilde Denken, das nicht Schule und Zivilisation formte. Wie die wilde Ente rascher ist und schöner als die zahme, so ist es auch der wilde Gedanke, der Wildentengedanke, der sich im niederfallenden Tau über das Moor aufschwingt. Das Genie ist ein Licht, das wie der Blitz die Finsternis erhellt und vielleicht sogar den Tempel des Wissens zerschmettert, – es ist nicht eine Fackel auf dem Herdstein des Menschengeschlechts, die vor dem Lichte des Alltags verblaßt.

(Ausflüge)

*

Wo gibt es eine Literatur, in der die Natur zum Ausdruck käme? Der wäre ein Dichter, der Winde und Ströme in seinen Dienst zu zwingen wüßte, so daß sie für ihn sprächen; der die Worte in ihrem Ursinn festigte, wie der Landmann im Frühjahr die Pflöcke wieder festrammt, die der Frost lockerte; der seine Worte jedesmal von neuem in ihrer Abstammung erfaßte und mitsamt der Erde an ihren Wurzeln auf das Papier übertrüge. Dann würden sie so wahr, so frisch und so natürlich wie im Frühjahr die aufbrechenden Knospen erscheinen, wenn sie auch halberstickt zwischen muffigen Blättern in einer Bibliothek liegen; dann müßten sie erblühen und nach ihrer Art dem treuen Leser Früchte tragen, jahraus, jahrein, in Übereinstimmung mit der umgebenden Natur.

(Ausflüge)

*

Manche Dichter meinen, Dichten schicke sich nur für die Jugend; aber das ist nicht richtig. In dieser hitzigen und erregbaren Periode erhalten wir bloß den Anstoß, der uns auf unserer künftigen Bahn vorwärts treibt; die Ideale enthüllen sich uns, denen wir dann unser ganzes Leben lang nachstreben, ohne sie je zu erreichen. Aber diese bloßen Idealbilder sind, verglichen mit dem beharrlichen Bemühen nach solchem Ziel, von geringer Bedeutung; es ist erfolglos, mit unverwandtem Blick nach einem verheißenen Lande auszuschauen, das uns ein entschlossenes und stetiges Wandern über steile Berge und durch dunkle Täler nicht gleichzeitig näherbringt. In der Jugend, solange wir elastisch sind, erhalten wir den Anstoß auf den richtigen Weg; aber es ist unsinnig, diesen Wert dem der vollbrachten Reise gleichzusetzen, dem Gehorsam, den wir dem ersten Antrieb unser Leben lang unverbrüchlich bewahrten. Herrliche Gegenden bekommen wir zu sehen, damit wir uns verlockt fühlen, dort zu wohnen, nicht, damit wir einfach sagen können: wir haben sie gesehen.

(Tagebücher)

*

Von dem, der uns Ereignisse berichten will, dürfen wir verlangen, daß er auf beiden Füßen vor ihnen gestanden und nicht bloß vorübergegangen sei; die Ereignisse können also nicht häuslich genug sein. Der Mann ist als Dichter, als Beobachter, als Nachbar sich und den anderen am wertvollsten, der der zufriedenste ist und zu Hause lebt. Da ist sein Leben am intensivsten, da vergeudet er die wenigsten Augenblicke. Die vertrauten Gegenstände der nächsten Umgebung bieten sich als die tauglichsten Symbole und Erläuterungen seines Lebens. Wenn sich ein Mann, der tiefe Erlebnisse hatte, bemühte, sie in einem Reisebericht niederzulegen, so hieße das die Sprache eines Nomadenstammes statt einer Weltsprache gebrauchen. Der Dichter hat seine kräftigsten Wurzeln in den Boden der Heimat geschlagen, und niemand ist schwieriger zu versetzen als er.

(Tagebücher)

*

Wir sollten keine Mühe darauf verwenden, unsere Gedanken kühl zu analysieren, sondern einfach versuchen, sie in einem Zug, parallel zu ihrem Ablauf, möglichst genau niederzuschreiben. Der innere Antrieb bleibt ja doch der beste Sprachkünstler, und seine Logik wird nicht verfehlen die allerüberzeugendste zu sein, obwohl sie mit den Aristotelischen Regeln nicht in Einklang zu bringen ist. Je näher wir an eine erschöpfende aber ungesuchte Niederschrift unserer Gedanken gelangen, um so genießbarer wird die Sache sein; denn unsere Passivität oder unwillkürliche Tätigkeit ist ein Zustand, auf dessen Höhe wir uns halten können. Wir können aber schwerlich auf die Dauer mit unseren Anstrengungen rechnen, am allerwenigsten mit unseren besonderen Anstrengungen.

(Tagebücher)

*

Ich möchte gerne jedesmal zwei Berichte in mein Tagebuch eintragen: zuerst die Vorfälle und Beobachtungen von heute, und am folgenden Tage nochmals darauf zurückkommen und verzeichnen, was vorher vernachlässigt worden war und häufig das bedeutsamste und poetischeste gewesen ist. Im ersten Augenblick weiß ich nicht, was mich entzückte. Menschen und Dinge von heute pflegen in der Erinnerung von morgen hübscher und wahrer zu sein.

(Tagebücher)

*

Wie kommt es, daß ein Ereignis im Augenblick seiner Gegenwärtigkeit meistens nur mit dem Alltagssinn und -verstand erfaßt wird? Daß es kahl und dürftig ist, so ganz ohne Glorie, ohne den blauen Schmelz dazwischentretender Luft? Laß es aber vergangen oder zukünftig sein und mit einem Schlag ist es idealisiert. Der Mensch wird im Tode vergeistigt, ein Ereignis in der Erinnerung idealisiert. Es ist gereift und von einem zarten Hauch überzogen. Der Verstand hat nicht mehr allein Besitz davon, sondern auch die Phantasie, die zu ihrer Entfaltung ein weites Feld verlangt. Der Dichter hat die Gabe, die Dinge in diesem Sinne als vergangen und künftig, als ferne und allbedeutsam zu sehen.

(Tagebücher)

*

Jede Gelegenheit den Stil zu verbessern sollte man ergreifen, als wäre sie die letzte.

(Tagebücher)

*

Gut schreiben genau so wie gut handeln heißt dem Gewissen gehorchen. Kein Körnchen Absicht oder Laune darf beigemengt sein. Wenn wir zu lauschen verstehen, so werden wir hören. Wenn wir mit Andacht der inneren Stimme lauschen – vielleicht schwingen wir uns wieder auf die Höhen der Menschheit empor.

(Tagebücher)

*

Die Herren von der Literatur, die Herausgeber und die Kritiker glauben, daß sie schreiben können, weil sie Grammatik und Rhetorik studiert haben; aber sie sind gewaltig im Irrtum. Was *Kunst* ist in einer Komposition, ist so einfach wie das Abschießen einer Kugel aus der Flinte, und ein Meisterwerk hat eine unendlich größere Kraft hinter sich. Das eine große Gesetz der Komposition lautet – und wäre ich Professor der Rhetorik, ich würde darauf besonderen Nachdruck legen –: die *Wahrheit sprechen*. Die Wahrheit, erstens, zweitens und drittens; mag einer Kieselsteine im Munde haben oder nicht.

(Vermischte Schriften)

*

Der Künstler muß mit Gelassenheit arbeiten; zu viel Teilnahme verdirbt das Werk.

(Tagebücher)

*

Die Wichtigkeit des Themas wird meistens übertrieben; das eine wird für bedeutend gehalten, das andere für unbedeutend. Aber das Thema bedeutet nichts, das Leben alles. Nur die Tiefe und Gewalt des hervordrängenden Lebens fesselt den Leser. Unseren Gegenstand berühren wir mit einem ausdehnungslosen Punkt, aber die Pyramide unseres Erlebens, unser Interesse daran, ruht auf uns mit breiterer oder engerer Basis. Das will sagen: der Mensch ist alles in allem, die Natur ist nichts, wo sie nicht ihn vor Augen führt oder widerspiegelt.

(Tagebücher)

*

Die Gabe sich gut auszudrücken ist sehr gefährlich – die Gabe, das Herz des Lebens mit einem Griff herauszureißen, wie die Indianer einen Skalp abziehen. Ich habe die Empfindung, als wäre mein Leben äußerlicher geworden, wenn ich imstande war es auszudrücken.

(Eine Woche)

*

Die Sprache des Dichters läßt sich nicht analysieren. Sein Satz ist ein Wort, dessen Silben Worte sind. Worte, die durchaus würdig wären, von seiner Musik getragen zu werden, gibt es tatsächlich nicht. Aber was schadet's, die Worte nicht immer zu erfassen, wenn wir nur die Musik hören?

(Eine Woche)

*

Wenn du sagen kannst, was du nie hören wirst, wenn du schreiben kannst, was du nie lesen wirst, dann hast du seltene Dinge vollbracht.

(Eine Woche)

*

Ein Mann von *Genie* kann zugleich ein *Künstler* sein und ist es wohl auch in der Regel; aber die beiden dürfen nicht verwechselt werden. Der Mann von Genie ist für das

Menschengeschlecht ein Neuerer, ein Gottbegeisterter oder ein Dämon, der, noch unbekannten Gesetzen gehorchend, ein Werk von Vollendung schafft. Künstler ist jener, der dadurch, daß er die Werke des Genies im Menschen und in der Natur beobachtet, das Gesetz entdeckt und anwendet. Der Kunstfertige wendet nur Gesetze an, die andere entdeckten. Ein Genie im reinsten Sinn hat es nie gegeben, wie auch noch keinen, der des Genies völlig bar gewesen wäre.

(Eine Woche)

*

Wie wunderbar beschaffen ist der Künstler, seine Selbsterziehung gerade durch die völlige Hingabe an seine Kunst zu erlangen! Der Holzsäger, der sich bemüht seine Arbeit gut zu verrichten, wird nicht nur ein besserer Holzsäger, er wird in demselben Maße auch ein besserer Mensch.

(Briefe)

*

Die Reize eines flüssigen Stils werden heutzutage genug besprochen. Man bekommt über manches geniale Werk die Klage zu hören: schöne Gedanken seien wohl darin, aber ohne

Stetigkeit und ohne Fluß. Man sollte sich jedoch gegenwärtig halten, daß der Gedankenablauf mit einer Flutwoge mehr Ähnlichkeit hat, als mit dem Gefälle eines Flusses; denn er ist das Resultat einer Kraft vom Himmel und wird nicht durch irgendwelche Abschüssigkeit in der Bahn hervorgerufen. Ein Leser, der für die ganze Reise eine sanfte Talfahrt erwartet hatte, wird sich freilich über das greuliche Stampfen und Schlingern beschweren, wenn sein schwaches Küstenfahrzeug in die Sturzwellen des Ozeans hineingerät, der so gewaltig gegen Sonne und Mond aufflutet und so gar nicht hinfließt.

(Eine Woche)

*

Mythologie ist gewissermaßen nichts anderes als die älteste Geschichte und Biographie. Sie ist weit davon entfernt, unwahr zu sein oder erdichtet in gewöhnlichem Sinne; sie enthält vielmehr nur bleibende und wesentliche Wahrheit und übergeht alles Ich und Du, Hier und Dort, Jetzt und Damals. Nur der Lauf der Zeit oder seltene Weisheit ist imstande sie zu schreiben. Vor der Erfindung der Buchdruckerkunst war ein Jahrhundert gleich tausend Jahren. Wer heutigentags ein Stück echter Mythologie schreiben kann, ohne der Nachwelt als Hilfe zu bedürfen, der ist ein Dichter.

(Eine Woche)

*

Im Mythus waltet eine überirdische Intelligenz, die die unbewußten Gedanken und Träume der Menschen als Hieroglyphen gebraucht, um zur ungeborenen Nachwelt zu reden. In der Geschichte des menschlichen Geistes gehen diese in Rot und Gold erglühenden Fabeln den Mittagsgedanken der Menschheit voran, wie Aurora den Strahlen der Sonne. Der morgendliche Geist des Dichters, der Vorbote des Lichts der Philosophie, wohnt immer in diesem Frührot.

(Eine Woche)

*

Das, was das Publikum liest, ist nicht das eigentliche Gedicht. Es gibt immer noch ein anderes, das gleichzeitig entsteht, aber nicht auf Papier gedruckt, sondern unauslöschlich in das Leben des Dichters eingegraben wird. Es ist das, was er durch sein Werk *wurde*. Welchen Ausdruck ein Gedanke im Stein, auf der Leinwand oder auf dem Papier findet, darum handelt es sich nicht; wohl aber darum, inwieweit er in dem Leben des Künstlers Gestalt und Sprache gewann. Das wahrste Werk des Künstlers steht in keines Fürsten Halle.

(Eine Woche)

*

Ein echtes Gedicht zeichnet sich nicht so sehr durch einen glücklichen Ausdruck oder durch die Gedanken aus, die es anregt, als vielmehr durch die Atmosphäre, von der es umflutet ist. Die meisten Dichtungen haben bloß schöne Umrißlinien und die auffallende Gestalt und Haltung eines Fremden. Aber echte Verse kommen ganz unmerklich auf uns zu, wie der Atem des lebendigen Wohlwollens, und hüllen uns in ihren Geist und Duft. Vieles in unserer Literatur hat die vorzüglichsten Manieren, aber keinen Charakter.

(Eine Woche)

*

Kunstlosigkeit ist die Grundbedingung aller Kunst.

(Tagebücher)

*

Der Dichter singt, wie das Blut durch seine Adern rollt. Er verrichtet seine Funktion auf so natürliche Weise, daß er um zu singen keines anderen Anreizes bedarf, als eine Pflanze um Blüten und Blätter zu treiben. Sein Singen ist eine selbstverständliche Funktion wie das Atmen, eine Gesamtwirkung wie die Schwere, und sein Bemühen die ferne, flüchtige Melodie, die er zuweilen hört, in eine andere Tonart überzuleiten, wäre ganz vergeblich. Dichten ist nicht ein Überschäumen des Lebens, sondern eher der Niederschlag, der unter den Füßen des Dichters hervorgeholt wird. Homer sagt: die Sonne sinkt, und das genügt. Er ist gelassen, wie die Natur; die Begeisterung des Sängers läßt sich schwerlich entdecken. Es ist nicht anders, als spräche die Natur.

(Eine Woche)

*

Große Kunstwerke haben endlose Muße zum Hintergrund, wie das Universum Raum hat. Die Zeit steht still, während sie geboren werden. Der Künstler kennt keine Eile. Die Erde bewegt sich mit unfaßbarer Schnelligkeit um die Sonne, und doch gerät der Spiegel des Sees nicht in Schwanken! Nicht durch Kompromisse, nicht durch demütige und schwächliche Reue können wir unsere Seele erretten und endlich zu unserem Leben gelangen; wir müssen uns die freie Bahn erobern und Reue & Co. unbeachtet lassen, diese gutmütige aber kraftlose Firma, die die Schulden einer alten und wertlosen übernahm. Der Kampf spielt sich auf einem Gebiet ab, wo keine Nachsicht geübt wird und wo niemand vor einarmigen Rittern höflich knixt. Man erwartet, daß wir unsere Pflicht erfüllen, nicht im Widerstand gegen alle Dinge bis auf eines, sondern im Widerstand gegen *alle* Dinge.

(Tagebücher)

*

Die erhabenste Weisheit in Büchern hat zweifellos entweder Reim oder Rhythmus; sie ist Poesie, der Form wie dem Inhalte nach. Hätte ich die Quintessenz menschlicher Weisheit in einem Bande zusammenzutragen, ich würde keine einzige Zeile aufnehmen, die ohne Rhythmus wäre.

(Tagebücher)

*

Die Poesie ist der Mystizismus der Menschheit.

(Eine Woche)

*

Poesie enthält die ganze Wahrheit; Philosophie drückt nur einen Teil von ihr aus.

(Tagebücher)

*

Goethes Leben und Erziehung waren durchaus die eines Künstlers. Ihm fehlt das Unbewußte des Dichters. In seiner Selbstbiographie beschreibt er genauestens das Leben des Verfassers von „Wilhelm Meister“. Denn, wie dieses Buch eine Mischung von seltener und leuchtender Weisheit mit einer gewissen Kleinlichkeit, einer Übertreibung von Lappalien zeigt, so läßt auch seine Selbstbiographie erkennen, daß der Fehler seiner Erziehung in ihrer sozusagen rein künstlerischen Durchbildung gelegen war. Seine Kindheit war die eines Stadtkindes, dessen Spielzeug Bilder und Kunstwerke sind, dessen Wunderwelt das Theater bildet, festliche Umzüge und Krönungen. Wie sich der Knabe beim Einzug des Kaisers aufs gewissenhafteste in die Rangabstufungen vertieft und keinen Eindruck daraus unbeachtet läßt, so strebt der Mann nach einer passenden gesellschaftlichen Stellung, die seiner Auffassung von Achtbarkeit entsprechen konnte. Um vieles, das der wildaufwachsende Knabe genießt, wurde er betrogen. Er war in der Tat zu wohlerzogen, um durch und durch erzogen zu sein.

(Eine Woche)

*

Musik ist der Klang der Weltgesetze in ihrer Verkündigung.

(Eine Woche)

*

Als ich heute den „großen Ball" majestätisch dahinrollen sah, empfand ich Scham darüber, daß sich der Mensch nicht ähnlich bewegen könne. Alle Würde und Größe hat etwas von der wellenförmigen Bewegung der Sphären. Sie ist das Geheimnis der Majestät in dem wiegenden Gang des Elefanten, das Geheimnis aller Grazie im Leben und in der Kunst. Die Linie der Schönheit ist eine Kurve.

(Tagebücher)

*

Alle Schönheit macht den Eindruck, sich selbst zu genügen.

(Tagebücher)

*

Die Farbe, der eigentliche Reichtum des Dichters, ist so kostspielig, daß sich die meisten ans bloße Zeichnen und Skizzieren halten und Männer der Wissenschaft werden.

(Tagebücher)

*

Wir haben in den letzten Jahrhunderten von den Fortschritten der Wissenschaft viel gehört. Ich möchte behaupten, daß sich die praktischen Resultate der Wissenschaft allerdings angesammelt haben, daß jedoch eigentliches Wissen für die Nachwelt nicht aufgespeichert wurde. Denn Wissen läßt sich nur durch gleichzeitiges Erleben erwerben. *Wissen* wir, wovon uns nur *berichtet* wurde? Die Erfahrung der anderen können wir nur durch unsere eigene verstehen.

(Eine Woche)

*

Wissenschaft ist *unmenschlich*. Jedes Ding wird nichtssagend, sobald wir es durch ein Mikroskop betrachten. Man denke sich einmal Menschen und Pferde, Bäume und Vögel in tausendfacher Vergrößerung gesehen und beschrieben. Mit unseren neugierigen Instrumenten stören wir die Harmonie und das Gleichgewicht der Natur.

(Ausflüge)

*

Die alten Naturforscher besaßen ein so feines und liebevolles Gefühl für die Natur, daß sie bei den alltäglichsten Begebenheiten in Erstaunen geraten konnten. Das Leben war für sie ein unaufhörliches Wunder, und daher waren auch Gorgonen und fliegende Drachen keine unglaubhaften Dinge. Das größte und traurigste Gebrechen ist nicht die Leichtgläubigkeit, sondern die Gewohnheit zu vergessen, daß unsere Wissenschaft Unwissen ist.

(Tagebücher)

*

Ein paar gute Anekdoten enthält unsere astronomische Wissenschaft, dazu einige imponierende Berechnungen von Größen und Distanzen, aber wenig oder nichts über die Sterne, sofern sie für den Menschen in Betracht kommen. Sie lehrt

Land vermessen, ein Schiff führen, aber nicht das Leben steuern. Die Astrologie enthielt den Keim einer höheren Wahrheit. Es kommt wohl vor, daß die Sterne einem Fuhrknecht bedeutungvollere und himmlischere Gebilde sind als dem Astronomen.

(Tagebücher)

*

Es gibt, wie wir wissen, eine Gesellschaft zur Verbreitung nützlicher Kenntnisse. Die Leute behaupten nämlich, Wissen sei Macht und dergleichen mehr. Mich dünkt, daß ein gleiches Bedürfnis nach einer Gesellschaft zur Verbreitung nützlicher Unwissenheit besteht, eines Wissens, das in höherem Sinne nützlich ist, und das ich das „schöne Wissen" nennen möchte. Denn unser vielgerühmtes sogenanntes Wissen, was ist es anderes als die Einbildung etwas zu wissen, wodurch uns die Vorteile unserer tatsächlichen Unwissenheit geraubt werden? Was wir unser Wissen nennen, ist häufig unser positives Nichtwissen, unser Nichtwissen unser negatives Wissen. In langjähriger zäher und emsiger Zeitunglektüre – denn sind die wissenschaftlichen Bibliotheken etwas anderes als Stöße

Zeitungpapier? – häuft der Mensch eine ungeheuere Menge von Tatsachen auf und legt sie in seinem Gedächtnis nieder; wenn er aber in einem Frühlingsmoment seines Leben abseits in die weiten Gefilde des Denkens hineinschlendert, dann geht er sozusagen wie ein Pferd zur Weide und läßt sein Zaumzeug daheim im Stall. Der Gesellschaft zur Verbreitung nützlicher Kenntnisse möchte ich zuweilen zurufen: Geht zur Weide! Ihr habt lange genug Heu gefressen.

(Ausflüge)

*

Ein gutes Buch ist die Hand, die in die sonst stummen Saiten unsrer Laute greift. Das Interesse, das wir oft genug auf den geschriebenen und vergleichsweise leblosen Körper des Buches beziehen, gehört tatsächlich dem eigenen ungeschriebenen Nachhall in uns. Dieser Nachhall ist der allerunerläßlichste Teil eines jeden Buches. Das Streben des Autors sollte darauf gerichtet sein, einmal und mit erhobenem Ton sagen zu können: er sprach, Griech. Wort fehlt. Das ist das Höchste, was ein Bücherschreiber erreichen kann. Hat er sein Buch zu einem

Damm gemacht, an dem die Wogen des Schweigens sich brechen, so ist es gelungen.

(Eine Woche)

*